高山景行：顾随诞辰一百二十周年纪念丛书

赵林涛 主编

长者顾随

马玉娟 赵林涛 编

河北大学出版社

图书在版编目（CIP）数据

长者顾随 / 马玉娟，赵林涛编. -- 保定 ：河北大学出版社，2017.4

（高山景行 ：顾随诞辰一百二十周年纪念丛书 / 赵林涛主编）

ISBN 978-7-5666-1171-0

Ⅰ. ①长… Ⅱ. ①马… ②赵… Ⅲ. ①顾随（1897-1960）—纪念文集 Ⅳ. ①K825.6-53

中国版本图书馆CIP数据核字(2017)第070745号

长者顾随

ZHANGZHE GUSUI

责任编辑：杨显硕

装帧设计：赵　谦

责任印制：靳云飞

出版：河北大学出版社（保定市七一东路2666号）

经销：全国新华书店

印制：保定市北方胶印有限公司

开本：1 / 32（148mm × 210mm）

字数：190千字

印张：7.75

版次：2017年4月第1版

印次：2017年4月第1次印刷

书号：ISBN 978-7-5666-1171-0

定价：36.00元

写在卷前

父亲生于1897年2月13日（农历正月十二），今年是他诞辰一百二十周年。

父亲病逝于1960年。随着岁月的流逝，顾随的名字一度消逝于现代教坛、文坛，他的学术形象也渐渐淡出了人们的视野。改革开放的春天到来之后，自20世纪80年代开始，即有《文献》《中国现代社会科学家传略》等数种书刊，刊载了他的长篇传记；随之，他的各种著作与研究专论陆续面世。1990年，父亲忌辰三十周年，在北京举行了第一次纪念活动，主要由父亲在辅仁大学和燕京大学任教时的弟子筹划操办。1997年，父亲诞辰一百周年，由北京师范大学、河北大学、辅仁大学校友会、北京师范大学校友会联合，在北京师范大学举办了纪念大会与纪念展览。2009年，在北京还举办过一次大型顾随诗词学术研讨会。

如今，父亲当年的弟子相继老去，特别是在燕京大学、辅仁大学、中国大学、中法大学等各大学就读的那些弟子，泰半已经作古。然而令人欣慰的是，父亲的著作及今已出版了数十种，研究论文屡见各种报刊，研究专著也时有出现，顾随已从一位“隐藏的大家”走进大众视野，成为公认的国学大师。更为可喜的是，继起的一批年轻学者、作家，正在为传播、弘扬顾随的道德、学术与文章不懈地努力着。

今年是父亲诞辰一百二十周年。河北大学文学院刘金柱院长和从事顾随著作整理、研究的赵林涛商议，筹划在河北大学举办一系列纪念活动。在大家的关心和支持下，《顾随全集》（十卷本）略加修订之后第二次印刷；《河北大学学报》（哲学社会科学版）的纪念专栏业已刊出第一辑；河北大学出版社顾随系列丛书正在紧锣密鼓地编校之中；学校将于今年5月举办顾随诞辰一百二十周年纪念会……

作为献给顾随诞辰一百二十周年的一份厚礼，小赵和他的爱人小马把多年搜集的由顾随友朋、弟子以及后人亲自撰写的各种纪念文字，精心辑成《师者顾随》《学者顾随》和《长者顾随》一套三种图书。这套丛书资料翔实、核校精细，若论它的意义，我想至少可以免去研究者、读者的搜求翻检之劳；至于有助于人们更好地了解顾随的生平、思想，解读他的作品，自不需我于此赘言。

在三种图书即将问世之际，出版社希望我能在书前写几句话，作为顾随的女儿，在这里，我想表达的只有内心深处诚挚的谢忱：感谢我们所处的伟大时代对传统文化的珍视！感谢父亲那些在世以及过世的朋友和弟子！感谢所有为父亲著作的收藏、搜集、整理、出版、研究做出贡献的新老学人！感谢为这次纪念活动辛苦付出的人们！感谢所有喜爱顾随的读者！

顾之京

2017年2月于河北大学

编前絮话

“学者”顾随是大家所公认的，“师者”顾随是大家最熟悉的。此处呈现给读者的，是身为“长者”的顾随。

顾随先生是家中的长子长孙，其后有胞妹两人，胞弟四人，膝下有六女，长之秀、次之英，三女之惠、四女之燕、五女之平、六女之京。之秀、之英出于前妻纪氏，后四女为续弦徐荫庭氏所生。顾随先生一生行迹不出冀鲁两省、京津两地，亲族亦多居于此间。

本辑分四卷，卷一、卷二收录顾随先生写给亲人的书信、诗词；卷三所呈现的是亲人笔下的温馨往事；卷四是其六女之京教授的几篇专题综述文章，对于了解、研究顾随先生尤其大有助益。

顾随先生一生弘文励教，以自己超群轶伦的德才立身垂范，感召学子；同时以并不丰厚的薪酬支撑家计，周济亲朋。他的卓越、他的担荷、他的慈爱，都是他留给家人、留给后人的宝贵财富。本辑所选，不唯文艺，更著亲情，冀望能为读者全面了解顾随先生提供一个新的视角。

编者

2017 年 2 月

目　　录

卷一

卷二

卷三

卷四

卷一

致顾福芸书一通

1959年5月4日

胞妹如面：

忘记是什么时候了，好像是阴历年过了不久，全子[①]曾来过一封信。当时我正忙着编写讲义，搁下没复，不想一搁就搁到现在。我从去年闹病，告假休息，没有上课。每日打针、吃药、按摩，直到阴历年底，才好些了。接着忙了两个月，到阳历三月底，又有点儿不大舒服，四月里还发了两次烧，每次都是三十八度多。讲义也不能编写了。但又总不能好好休息。时常得出席会议，而且还要发言。五月里我就要正式上课了，准日子还不知在哪一天，反正不远了。

你身体一定结实，盼望好好小心在意。今春天气不好，天津市老是刮大风。临清怎么样？想来也差不了多少。几天儿就是立夏了，我还穿着棉裤、棉袄哩。你嫂子却好，从去冬到今春，连个头疼脑热也没有。小娃子[②]不断到天津来。小纨[③]带着小家伙也

---

① 全子：孙书秀，幼名德全，顾福芸之子，顾随的外甥。

② 小娃子：顾随五女之平小名娃娃。

③ 小纨：顾随三女之惠。

来住过两天。小孩儿[1]在新疆，常常有信来，倒是挺不错。小贝子[2]在这里念书，也是忙，不到星期六，很少回二宿舍来。四先生[3]在济南教书，成绩不错，最近有信来，说，老太太还是老样子。

全子还在乡下吗？调回城里来了没有？

你今年夏天，能不能到我这里来住些时？

祝你快乐、健康。

长兄随白　五月四日上午

我同小纨都要申请入党了。又白

---

① 小孩儿：顾随四女之燕小名孩孩。

② 小贝子：顾随六女之京小名贝贝（英文 baby 音译）。

③ 四先生：顾随胞弟顾谦，号六吉，家中行二，族中行四。

致顾谦书一通

1954年5月22日、25日、26日

六吉吾弟手足：

本周已发出两书。今日上午一二两小时讲授佛典翻译文学，口讲指画，兴高采烈，归来稍憩，始觉过力。下午睡起，腰腿作酸，而北风大作，不克外出散策，独坐斋中，甚无意趣，故复作此书。然不得弟复书，亦不拟投递也。此间相约，想弟更无不允之理；至于离历下来津沽，吾弟锦囊中想亦自有妙计，无须老兄借箸。不过第一需要自家意志坚强，王介甫欲行新法，乃曰“天命不足畏，人言不足恤”（此言亦不可尽信，至嘱），老弟此时正要如此。自己个人之厉害先不必说，即以合理地使用人才之政策言之，吾弟来津亦属相合而不相背。何以故？在济为长才短用，来津为人地相宜也。中学之教师易聘，高等学校之教师难得，两处俱是为人民为国家服务，然而两利相较取其重，自以来津为得，况乎此所谓利，非个人之利，而百年大计之利也耶。吾弟要须有此自信，虽不必即以语人。此问

近好

五月廿二日下午　哥哥字

廿二日写得一纸，次日即接吾弟廿日所作书，读毕颇觉有气。

非气吾弟，气上级之如是其形式而教条也，然亦怪吾弟何以如彼其无斗争之精神也？意者济师院未曾有具体之表示、正式之邀请，是以吾弟遂亦未坚决求去耳；今兹津院既有王主任[1]之明白表示，弟尚复有何顾虑乎？万不致如《西游记传》中猪老所谓“媳妇误了娶，和尚误了当”也。兄长久闲置斋中，不大预闻外间事，其当今在岗位上工作之人，并辞职亦不许耶？所扣帽子此不必说，即如无组织云云，也须组织事事合理，下级方有服从之义务，不然者暴君治下的臣民起而革命，论者亦将以无组织不服从罪之乎？即以吾弟刻下之经济情况言之，一家六口经济之来源只赖吾弟一人之工资，而数目又如是之微不足道（尚不及小纨，即视小贝亦五十步百步之间），如是而欲吾弟之安心工作不生他想，得乎？兄每读苏联人所著之小说，见其上级对于下级之体贴（物质的精神的）无微不至，故其下级亦能效死而弗去。吾国先贤亦言，衣食足而后知礼义；鲁迅翁且说，牛也要吃草。今也上级不顾吾弟之衣食，而徒责吾弟之礼义，以少量之草而欲牛出大量之力，岂止形式与教条而已，直官僚主义耳。老兄之气者以此。至于为国家为人民服务之大道理，则廿二日所写之一纸中已言及之，兹亦不须复述也。

吾弟在济多年，即从解放至今亦历五载，想各方面多有熟人，现下虽不许情面请托，然亦甚重人事关系，即以老兄去岁来津而论，倘非李竹年、王振华与高教部高级干部多有相识，恐亦不易奏效。弟此刻能设法向济教育局中疏通一下，得到离职之允许，

---

① 王主任：顾随所在之天津师范学院中文系主任王振华，亦顾随执教河北省立第一女子师范学校时的弟子。

最为理想，然亦恐吾弟不易办此。兄本拟与王主任切实商酌，想一具体办法，而王主任连日未到系办公，殊觉扼腕，但呼负负。此刻虽已写了两页纸，亦丝毫不解决问题，奈何，奈何！然有一言告弟，即先存必去之心，再谋脱身之计，如此而已。至于老兄，自当随时为吾弟设法也。手书云“顾虑殊深”，兄则曰“不必不必”。老兄尚不至于昏髦（髦，当作眊，是否），度德量力，计之已审，如吾弟不能胜任愉快，兄亦决不“内举不避亲”，此理甚明，无待烦言。

至云向来习作欣赏，聊自怡悦，与今世考据研究之学大相径庭，斯言诚然，兄亦知之，然独不思老兄多少年来亦正复尔尔。况乎考据研究之学，夫人而能之，若夫习作欣赏，非有才者不办。吾弟之于考据研究，不为耳，非不能也；况夫今世所谓考据研究，正复“卑之无甚高论”。此间学生程度至浅（正不独此间为然），古典文学之讲授亦只是选作品，讲字句，弟于是亦不能为之乎？此间教课正亦不用“正经”的考据研究耳。而此间之教师，不独浅薄，亦且幼稚，有一位教授之讲稿中居然说诸葛亮争衡曹魏，又说苏武守使不屈；复有一位在政治学习时竟敢说毛泽东思想不是马列主义。一个文字既如此之欠亨，一个思想又如彼之“高明”，而居然登台授徒，老兄敢定说老弟胜此辈万万。此辈而可，吾弟奚其不可？此辈而敢，吾弟奚其不敢？此辈而大胆，吾弟之胆小又奚为乎？老兄平居不愿为装潢门面之大言，今日且破例为之曰：斯人不出，如苍生何？吾弟闻之，定然大惊失色，连称“惶恐惶恐，不敢不敢”。弟独不知今日高等学校才难已至何种程度耳，如其知之，必能自信而何胆小之有也。其实才难亦并不自今日始，特于今为烈而已耳。弟如来此，且将为老兄增光焉，长嘴焉，“砸”云乎哉？

至于手书提到师院之要求与夫具体情况，此自在意中。日昨与古典小组主任韩公[1]谈及，具说将来吾弟来此，亦在此组，而且是诗词曲之类。［古典文学分段（如上古、中古、近古之类）、分类（韵文、散文之类），讲授非如旧日由一人包办也。］至于十分具体情况，须视暑后开学时定课程表时究竟能有多少教师再作定规，此刻难于预料。

总结上文：①此间一定相邀；②教古典韵文；③吾弟作速谋脱身之计；④万勿胆小。此致

六吉吾弟

五月廿五日下午　述堂

谦弟再鉴：

昨日下午写得四页纸，觉欲言者尚有未尽，时已入夜，势须停笔，免致影响睡眠。今日上午有课，不能续写。不意王主任带病来院办公，且到二宿舍来与兄专谈吾弟转勤之事。王主任盼吾弟来津之意甚殷，与兄商酌许久，午餐即在兄处同进，但亦苦无善策。最末仍是盼弟先以家庭条件为请调理由，且嘱兄写一专函，备吾弟于必要场合与情形之下，可以正式提出作为口实。兹已另纸写就，附此书寄去，以备不时之需（吾弟相机使用）。王主任又说，在五年计划中，全国各高等师范学校须造就十万中等师资来，此所以今年各高等学校招生为数九万余，而师范竟占了两万余的原因也；此所以势必须大量聘请高等师资的原因也。倘不从中学

---

① 韩公：韩文佑，号刚羽。

提升，则新底高等师资将何自出生乎？特此刻尚不到明白说出的时候耳。草草，此问

近好

嫂氏问弟妇好。

哥哥字　廿六日下午

致顾之惠书三通

1954年3月6日、8日

惠子：

小典小宪[①]发烧，想已大好了。

小典来津，娘是非常之欢迎，不过就怕她转性。上次跟她爸爸来，还是那么个样儿。若是她一人在此，怕就更不容易对付。而且你们家老太太也未必然舍得。

好久没有接着济南的信，前天你四叔父来信说四婶在年前又闹盲肠炎，信上没明说，大概又是进医院动了手术。这一来，闹得四叔父上树爬井，手足无措。多亏政府学校大力帮忙，总算渡过了难关。如今，四婶可是完全恢复健康了。

大夫[②]同志来信说她又对妇产科上了瘾。爸爸没意见。还是那句话：这是她自己的事儿，大主意总得她自己拿。

春假我怕不能去北京了。原因是：这个月的钱怕不能有富裕。上趟京，爸爸同娘两个人来回的路费就得廿万——别的先不用说。

问你和你一家人好。

爸爸字　三月六日

---

① 小典小宪：顾之惠之女曹典、子曹宪。

② 大夫：顾随对四女之燕的昵称。

正月间，桓武[1]来时，曾说你们二人要来天津工作，而且全家移津。昨夜，你娘同我核计了一下，认为此事不简单。工作找得着找不着尚在其次（也许不十分难找），拆一个家，安一个家，可不大容易。去年夏天，我来天津，就是证见。即使安下家了，日后的生活也不见得容易对付。两个中学教员（假如桓武也在某一个中学里教书）担负五口人的用度，包括衣食住行，每月百来万的工资，能行吗？在北京，第一先不用花房钱。在天津，就是一笔开支。你同桓武再商量一下。如果认为一切没问题，决意来津，我接到你们来信之后，再给桓武进行找岗位。

三月八日上午

寄去卅万元。廿万给京子。十万给之燕、之平作零用。这个月，我这里不大富裕。娘说：这十万里有她们二人春假来津路费，教她们省着点花费。

1954年5月4日

三姐：

事情不像我想得那么简单。

上礼拜，杨敏如[2]来看我。她绝口不提你同桓武到师院来工作的事儿（当时我也没好意思问）；可是她口口声声强调“曹先生”同“三妹”（她如此称呼你们）若肯到某一个中学里教书，则决不成问题。她说有的中学还可能有眷属的宿舍。又说：刻下津市各中学校长都争以请到大学中文系毕业生来教国语课为荣；因

---

① 桓武：曹桓武，顾之惠之夫。

② 杨敏如：顾随执教燕京大学时的弟子，时亦在天津师范学院中文系任教。

为好多语文教员俱不是在大学里学语文的。而且她还说：现下南开大学附中正缺一位语文教员。语气好像是说："曹先生"若肯俯就，丝毫没问题。

我不便替你们拿主意。

你们斟酌一下，复我一信，以便转告敏如。

这里，我们两位老人都非常之好。娘的饭量大增。我是教天气闹得不大愉快，可是仍然写出了一万多字的讲稿来。从今日起，我要好好地休息一下了。"腹稿"，一时也写不完。

问你们一家人好。

爸爸字　五月四日

1955年11月8日

之惠：

来信收到了。桓武星期日上午来师院（星期六日晚上，他因为参加他们教师学院庆祝苏联国庆晚会，没有来）也看到了。关于公债票，他自言自语地说："我哪儿知道哇?"我听着很有趣，仿佛他于此事，毫不相干，就如同我在咱们家里似的。

听桓武说，这一星期他要回家看看（发下工资来了，不是吗），即使不回家，他一定也有信给你，所以我不打算写信了（根本也没有事可写）。但方才孙亮贞①给你娘送来一张今日晚上八点廿分的电影票。她去看去了。预料她必须十一点左右才能回来，大夫也没有来，我一个人坐着怪无聊的，所以终于动了笔。

连上这一次，娘在这十天之中，看了三次电影了（足见她兴

① 孙亮贞：高熙增夫人，天津师范学院中文系教师。

致好）。第一次看的是印度片《两亩地》。第二次看的是苏联片《玛琳娜的命运》。每次回家之后，都满口夸好。我就是不敢问她。一问，她就说个没完；而且怎么说也说不周全，外带着“没听头儿”，虽然她还是满口夸好。

上两次，都是同高①家一家人去的，票，也是高家代买的。今儿个本没说去看电影。原故是王主任有一张晚场票，她病了，不能去，送了亮贞，亮贞又转送了来的。也不知是什么片，我猜想不是三个大男人（《忠诚的友谊》），便是一个小孩（片子名，我此刻说不上来了）。

我本没有什么不大舒服，只是“缺觉”。（看马卡连柯的《论共产主义教育》，累着了。这部书真好，你真应该好好地读一读。只怕你没工夫）。这两天，精神、兴致都好。一样不好的是腰疼。天气冷上来了，而且见了冰，学校里还没有生火。不过看情形也快了，工人同志已经检查、修理过了锅炉。

桓武若回去，娘想托他给之平带几块钱去。之平想来也够穷的了。

问你和你一家人好。

爸爸　十一月八日晚八时

---

① 高：高熙增，时为天津师范学院中文系副主任，学生。

致曹桓武书三通

1949 年 2 月 18 日

桓武贤甥如晤：

之惠今日上午带来嚼烟一包，已试尝过，味颇好，但力量大，吸食半日已觉喉头作干矣。试验所得之结果兹特报告吾甥，以当参考。此烟不必用火烤，只放在近火处或向日处，使其自干便好，吸时宜以手撕碎，如绿豆粒大，如拌以中国之高杂拌少许，则吸时更易过火，不致有熄灭之患也。此烟市场中尚易购得否？连日忙不能出门，甥如有暇，希代购两包为荷。此颂

日祺并祝

潭第清吉

愚外舅顾随拜手　二月十八日灯下

1952 年 8 月 1 日

惠印三方，两小者极佳，大者似略逊，但亦使得。甥多才艺，可羡。若山翁则于文字外可谓百无能亦百无所好。坐此，受病以至于今。甥苦才多，我患才少矣。比来作字，随手乱画，日可数百字；若摹帖三五字便腕酸，古人真不可及，不只山翁病后无力也。此致

桓武贤甥文几

废翁手启　建军节日

1953年2月22日

桓武贤甥英鉴：

之惠昨带来《思想方法论》一册，内容颇充实，惟理论苦艰深，又译笔亦不甚流畅，拟留小斋细细看一过，须下周方能令之惠携回。知吾甥尚未翻阅，至歉。草此，即颂

日祺

羡白　二月廿二日

致孙书秀书十通

1949年2月15日

书秀贤甥如面：

阴历年前便听说你母亲于津市被围之先，已经返临。年后又得四马[①]来信说你在油栈做事，甚觉放心。小王庄被烧，大概公济[②]损失不少。不过孙家人口平安，想你已得信了。平市解放系取和平方式，幸免炮火，可谓万福。舅寓中一切如常，我的身体和你母亲在平时一样，并没有生病，可告你母亲不用挂念。辅仁大学仍旧存在，定于阳历二月廿四日开学，经费眼下不成问题，舅之职业与生活更不发生恐慌，放心可也。仲刚[③]作何安插？此刻在临，还是已经返里？念念。你四舅父通信处是济南新东门外私立齐鲁中学校，我已有信给他，尚未得到回信。前两天，金铎[④]二老爷之孙顾同舟曾来看我，说了一天话，吃了午饭走的。他现在不做野战队团长了，新任人民解放军第六十八军作战科科长，很有精明强干的样子，并且书也念得不少，真不容易。他的姓名全改了，叫做古极。你姊丈近来作何生理？专此，即问

---

① 四马：顾随长女婿前妻之子。
② 公济：公济粮栈，顾随长女婿孙熙亭所经营。
③ 仲刚：顾随之侄。
④ 金铎：顾随堂叔。

近好。

替我问你母亲好，你姊丈和你大姊好。

二月十五日　舅父手谕

1949年6月24日

全甥：

见信，知你母亲到津，甚喜。现在找妥房子了没有？可能来北平住些时？你来信说你大表姐进工场。为甚么要进工场？进甚么工场？她没工夫来信，你务必来个信清楚地告诉我。我是忙了个不亦乐乎。可以说从来没这么样忙过。现在我是辅大国文系主任，又是校务委员会的委员兼着常务委员，天天开会。可是除了腰疼之外，也并没有甚么大不舒服。告诉你娘：不用挂念我。只是你秋舅是怎么一回事？接到你的信，我难受了半天，直到现在，一想起来，就难受。叫你老娘怎么过呢？末了，我说：你现在是大人了，成器了。要叫人家看你是个中用的人，而且是个可靠的人，要吃苦，要耐劳。你舅舅做了卅年事，本事，一点儿没有，就是个吃苦，耐劳。记下了！

问你母亲好。

六月廿六日　羡字

朝魁①的弟弟从上海来信，说你二姊和小沪儿②都平安。

---

① 朝魁：李朝魁，顾随二女婿。

② 小沪儿：李沪生，李朝魁、顾之英之子。

1954 年 1 月 18 日

全甥：

上（?）个月来信，差别字不少，当时我都改正了，想给你寄回去，可是今日翻遍了抽屉，也找不到，只好作罢。

今日上午接到十四日来信。开头你写得很好："生活呀！它使我知道了很多；然而，也告诉我，不知道的更多。"这两句话不是随便写出来的，这是学习和体验生活的总结（截至现在这一阶段）。而且这两句话，就形式和风格看来，颇像是诗。我认为这是你学习写作新诗以来所写的最好的两句诗。古今中外，大诗人所写的诗，都是活出来的。即是说，就实际生活里学习来的。你这两句信有点儿意思了。

不过你不要以为我在鼓励你作"新诗"。

诗在文学中是最难于写作的一种。它需要作者极大的天才和努力。一个人没有写诗的天才，写到老掉了牙，也是白搭。努力呢，又分作三种：一、努力读书；二、努力写作；三、努力深入现实生活。这三项努力，少一项也不成。而且没有这三项努力，纵有天才，也不能成为诗人。（注意：作新诗，也要研究古典诗歌。这一层功夫，怕你不容易做到。）

我倒愿意你好好地练习写散文。尤其是现在你住在鞍山，耳之所闻，目之所见，一定有许许多多值得写的。你应该学着写。

今日下午，老有人来找我，信总是写不成。此刻已入夜，不能写了，明儿见。

羡季　十八日灯下

1954年4月9日

书秀：

我于阴历年时伤了一次风，接着上课，暖气停止了，天气却时热时凉，总觉着不大得。上两个礼拜，又伤了风，并且还发了两天烧，精神气力很不如去年冬季。前日到校医室看了一下，取回两种药来，吃下之后，方才觉好。刻已上课。

我在此间，近来颇起点作用。对学生，我教他们知道怎样读书、作文。在同事之间，我则极力想法子搞起学术研究的空气来。同时，我又写讲稿，亦觉耗神。这可是应了你来信说的那句话，"展开伟大建设的劳动竞赛"，"内心高兴"。

你的诗不妨写下去。无论哪一个大作家，谁也不能一出手就成功。不过为了写诗，首先你得把散文写好：这是写诗的基础。散文写不好，诗是不会写得好的。我看见你的来信，觉得你在散文方面，似乎没有多大长进似的。你自觉着怎样？

问"三好"①。

舅父字　四月九日灯下

1954年6月3日

全甥：

廿七（九?）日来信，卅一日接到。这些日子，正盼来信哩。（信改过，寄还。）

这回的信写得很好，只有一个"别字"（俗语叫做"白字"），

---

① 三好：身体好、学习好、工作好。

文法没错误，修辞也大有进步：想见你近来学习努力。不过你的字写出毛病来了：横不能平，竖不能直，像一堆乱劈柴，也像一群“窝风鸡”[①]，看起来教人不好认，而且也感觉不舒服，以后要随时注意矫正。

你说：“此后不轻于写作，非有把握不动手。”这话，原则上是对的。任何一个作家都是如此，并没有例外。而且任何一篇作品都是这么写出来的——不拘它是几十个字的一首小诗，或万儿八千字的一篇文章或几百万字的一部大书。写作的事情绝不能“走着瞧”。想好了再写：越是大作家，越是若此。像老托尔斯泰写《战争与和平》、爱伦堡写《暴风雨》那样的长篇小说，在未写之前，他们早已想好了：这就是中国老话所谓“胸有成竹”。

不过你那句话也还是得辩证地使用，不能机械地死在上面。一个初学写作的人必须常常动笔，才有进步，这就是所谓“熟能生巧”。自然，也有人写得“熟”了，还是不能巧。那又当别论：原因在于他不曾好好地想。现在，你念逻辑学了，不是吗？这门学问最能训练人的思想。没有一个大作家不是具有一副逻辑的脑筋；没有一篇好的作品不富于逻辑性。马列主义、毛泽东思想都是最高的逻辑学的表现。鲁迅的文章就更不用说。用了逻辑的方法去想，常常想：想好了，就来写，常常写：成不成为一个文人和诗人是次要的问题，主要的是：必须如此，才能成为一个毛泽东时代的人、毛泽东时代的新知识分子。

你又说你本“不是以作家和文人为目的而生活的”，我不同你抬杠。但是毛泽东时代的人，虽然不是一个文学家，他也必须具

---

① 窝风鸡：俗谓为避风而拥挤蜷缩成一团的鸡群。

有文学的修养；就如同一个人虽然不是演说家、教员，他也必须能掌握语言的技术，使用精确的语言。在苏联，就有好多工人、军人、集体农庄农民写了不少的好书。文学，越来越不能成为文学家、文人的专业和专利品了。

三姐、孩孩、贝贝都曾来过天津。她们工作、学习，忙得也不得开交。（娃娃忙得始终不曾来。孩孩暑后就是实习大夫了。）我同你舅母都健康（她近来发胖了）。

祝“三好”。

六月三日下午　大舅父字

王主任想请你四舅来师范学院教书。写了两封信去了，我怕他来不了。

1954年8月31日

全甥：

现在给你解释一下“跋”字。

通常写在一本书开头的前面的文章叫做“序”，多半是说明作这一本书的原因或目的。写在书后面的文章就叫做“跋”，勉强地说，相当于我们现在名为“结论”之类的东西。不过有时“序”和“跋”的内容区别很不清楚。“跋”也许并不是结论而也是说明作书的原因和目的：这就成了和序一样的东西了。总而言之，书前为“序”，书后为“跋”：如此而已。

你也许奇怪中译《资本论》何以书前有“跋”。我告诉你：那些个“跋”是法文本《资本论》和德文本《资本论》的“跋”，原本是在书后面来着，中译本为了方便起见放在书前面了。至于

《毛泽东选集》第三册“农村调查”的序言和跋，则应该这样解释：毛主席原本有一篇大文章（也许当时是一本小册子）叫做“农村调查”，前面有序，后面有跋。编选集时，没有收那篇“调查”的文章，只把序和跋收进去了。明白了吧？

骨疼，字写得很潦草。

舅父字　八月卅一日灯下

大姐还不曾来津。四马考入哈尔滨军事工学院了。五马①、小芸芸②都在津。你韩③家姨夫随部队也驻在市内。

1955 年 9 月 1 日

书秀：

这个暑假，我这里过得也热闹，也不热闹。热闹是北京的四个人都来过了。不热闹是她四个人老碰不在一块儿。过得也平安，也不平安。平安是一切事都算顺心。不平安是我同你妗子总闹小不舒服。你妗子现在还闹着重伤风。我呢，骨疼痛从立秋起就犯了，一直到此刻还不曾好。虽然不大碍事，举动总不方便，而且指头也疼，写字不大得劲。昨日写了一页纸就写不下去了。今日就拿钢笔随手画在一页烟纸上，给你加封寄去。

祝三好。

羡　九月一日灯下

小玩意儿是娃娃给你四舅父寄去的。

---

① 五马：孙经武，顾之秀之子。

② 小芸芸：顾之秀之女，名念武。

③ 韩：韩奎炳，顾随妹福苒之夫。

1955年11月21日

……①

读不完的书、写不完的稿子、学习不完的文件，我也一直在忙，体力又不济，所以隔了两天才能继续写这封信。

你问我读书的“方法”，这可是一个难题（你考住我了），我恐怕要交白卷了。

你也许以为我念了大半辈子书，有一点儿成就，我应该有个读书方法了吧。告诉你：我一点方法也没有。只是多读、尽量地多读；读得多了，了解力也加强了，判断力也增高了，还有，自己写文章也摸着门径了。不但在年轻时如此，就连现在也是如此。

这或者也可算是我读书的方法。

不过这一种方法是有其害处的。其一是浪费——经济上、精神上、时间上。其二是杂乱，因为没有完善的计划，所以有时该读的书没有读，不该读的书反而读了不少。

你的客观环境是不允许你这么读书的。你必须有个计划（方法先不要管他）。

首先必须有正确的“思想的理论基础”。这不用说是马克思、列宁主义。为了速成，我以为倒不必先忙着去读马克思、列宁的著作。毛主席是一位精通马列主义的天才学者。他写的书是那么结合中国实际情况而又那么通俗。假如你读通他老人家的文章，我以为你就是不再去读马列的书，你也不会成一个有眼儿的瞎子。

---

① 此信缺前页。

现在我开一单子，举出应该首先读通的毛主席的几篇文章：

《矛盾论》《实践论》《反对党八股》《在延安文艺座谈会上的讲话》《五四运动》《中国革命和中国共产党》《新民主主义论》（特别是其中末尾的第十一、十二、十三、十四、十五诸节）。

其次是鲁迅先生的文章，也开一个小单子：

《朝花夕拾》《呐喊》《彷徨》《门外文谈》（收在哪一部散文集里我忘了）。

此外，则有联共（布）简明党史里的《辩证唯物论与历史唯物论》一章，列昂节夫等编《政治经济学》也须好好地读一读的（不过暂时或可以从缓）。

有了以上几本书作为基础，也就是说你睁开眼睛了，可以用自己的眼睛去看东西了，你随便看什么书也不会上当的。

关于中国历史，你可以先读吕振羽同志的《简明中国通史》。（范文澜的《中国通史》不知出齐了没有。）

祝三好。

舅父字　十一月廿一日午

你现下所有的书，我希望你给我开一个书目单子来。我预备给你排个阅读的前后次序和轻重分量。

1956 年 4 月 27 日

书秀甥：

你来了几封信，我统没有回信。原因是：懒、忙和病。去年冬和今年春病了两次，来势不善，很像在京大病时的情形，好处是还能睡得着觉。到如今也还是天天注射葡萄糖，吃维他命丸，烤电。每星期有四堂课，讲讲书，编编讲义，再学习学习政治理论，下剩的也就是有限的气力了。前两天，津市政协开会，我就告了假，不曾出席。六十岁的人，素常又多灾多病，不承认“老”也不行了。

知道你娘很好，而且有意到津住些日子，非常之高兴。不知道究竟什么时候能来。可别说了不算呀！你妗子还好，现在正在拔牙，预备拔完了再镶。你三姐在京，仍任刘海胡同小学教导主任。桓武调津教师学院教书。三姐有意请求也调津，尚未提出。孩孩去年国庆节派到津医学院做助教，现在在津总医院做主治大夫。娃娃在京实习，今夏毕业，不知将来分配何处工作（家里没有人去新疆）。小贝子仍在京府前街幼儿园工作。她于去年国庆节前被吸收入党（候补期一年，今年该转正了），又曾三次被评为北京市青年教师优秀工作者，得有奖金和奖状。现在正预备升大学。

你要升学，很好。不过你要求我指教和帮助，我可有点儿“抓瞎”。舅舅念书，向来是“多里捞摸”，从不会抄近道，走巧门。现在你要临阵磨枪，我那一套使不上了。我又不能指给你“近道”，给你找些“巧门”。昨日给贝贝去了信，问她可有些什么新鲜“着儿”，如有“升学指导”一类之书，等我找两本给你寄去。不过你也别净指望着这个，要紧的还是：马上赶快温书。

你的数学既然差些，那么，就考中国语文系吧。

累了，不写了。

祝你成功！

舅舅字　四月廿七日上午

1958年5月7日

书秀甥：

我老而善忘，把考棚街的门牌号数忘的一干二净，曾经留下的通信处的纸条儿也不知丢在哪里去了。（再写信来，想着告诉我。）上次接到你下放的信，本想写回信，但也搁下来了。其实也是忙得没工夫。双反、跃进、交心，“编辫子”一直搞到现在，还在继续搞。据说得到六月底才能结束。我又被选为津市出席河北省人民代表大会的代表。上月中，到保定开了三天会，又去参观徐水县水库一次。连去带来，共六天。回津后，累不必说，又泻肚两日，泻得我至今四肢无力。好在没有别的病。你妗子趁我去保，也到北京大舅和三姐处住了几日。她很结实。告诉你母亲，不用惦记。顺便问问你母亲：什么时候到天津来住些时？我同你妗子非常之想她。（以上是上午所写。下午没睡成，精神不济了。）

今日上午，接到上月廿七日来信。社委负责四个小队的生产：确实不简单。希望你消灭个人主义思想，深入群众，联系群众，依靠群众，做出成绩来。此外还有，就是希望你树立无产阶级思想，争取早日入党。不过我是个老“秀才”，话也只能说到这里。具体行动和方式，只能由你灵活掌握和运用。

津师院在去秋有不少教职员下放到郊区农村。其中有孙铮（你认识他吧？他是中文系讲师）。据他说，天天下地干活，三九天也没闲着，每日吃的也是饼子、窝窝、老咸菜。周立波（《暴风骤雨》的作者）也下乡了，也是住在一个社员家里。还有许许多多的高级知识分子，简直数不清。

祝跃进

大舅舅　五月三日下午

之惠去冬生了一个小女孩，非常胖大。

致顾之燕书一通

1954年5月31日

之燕、之平同看：

信收到了。大夫①要专门学眼科，根据你的天才、性情和志愿、兴趣，批准了！执行吧！

平女信上说不能到“新”校舍学习。怎么回事？难道暑后留在城里实习，不出城了吗？

想到家里出了两个大夫②，觉得颇新鲜，同时也非常之高兴。不能个个都是教书匠啊！爸爸教大学，叔叔教中学，姊姊教小学，妹妹教幼儿园，——你们是得改换改换职业了。你们还不晓得哩：大姊同鲁芳表姊在临清城里赁了两间门脸，开起裁缝铺来了。我想：这很好，不劳动者不得食呀！（这是今日上午同时接得全哥自东北来信，才知道的。他希望你们四人给他去信，地点：东北公安部队后勤部财务科。）

娘这些日子，很透着发胖。大概是常常吃鸡肉、鸡汤和鸡子儿的原故。也是我老保持着“记录”③ 的原故（我想：这应该是

---

① 大夫：此指之燕。

② 两个大夫：之燕、之平分别于1950年、1951年考入北京大学医学院。

③ 记录：乃指顾随自己保持了多日不病的“记录”，因此亦少了老伴伺候之劳。

最大的原因)。不过无论如何，结果总是好的，你们一定高兴。

我只有二周课好上。下余是停课、温书、考试。

愿你们健康

爸爸字　五月卅一日下午雨中

之平信上说："有时觉得奇怪，也很高兴，怎么一下就都要大学毕业了，真的成了大人吗？"又问爸爸"是不是也有这种感觉？"说得很有个意思儿，问得也有趣。爸爸也恰恰如此感觉。旧社会、旧家庭，做父母的愿意他们的子女永远在自己手底下，而且永远是小孩子：这当然是一种错误的想头。爸爸是从"旧的堡垒里"走出来的，不过经过了一时期的自学和自我改造，现在很愿意你们长大起来，为人民、为国家做出一番事业来。在人民的队伍中，做一个"生力军"是光荣的；那么，这"生力军"的父母自然也是光荣的了：因为他和她将自己的孩子贡献给人民、给国家了。长大起来吧，成为大人吧，好孩子！(虽然"小"也是可爱的。)［注］

告诉三大姐再写份她和桓武的履历单来。原写的一份，不知怎么一来，教"系"里给传丢了。

天津天气也不好，此刻又在下雨。不过我同娘这一阵子都不曾伤过风。

同日　又字

［注］我倒不希望娘在我的业务上有什么帮助；只希望她能分担我在业务上成功的一点欢喜(然而这也办不到)。不过你的体会完全对(至少大部分是对的)。就这也看出你已经不是小孩子而是大人了。

那一本《阿尔察诺夫医生》我不曾买到，原因是黄家花园小书店没有此书；而我半年来又不曾到大街上去。我倒很想读一读它，教之京给我买一本吧。

周玉言夫妇到京，现住朝阳门里南小街门楼胡同六号。大夫能替我去看看他们吗？（当然没甚要紧。）

致顾之平书二通

1955年1月11日

之平吾儿：

今日上午，接到本月八日写来的信，知道你正紧张地“备考”。“放射”考了“四分”，并不坏呀！干么非得五分不可呢？要知道在考试的时候，谁也有个“神儿在，神儿不在”呀。[注] 况且四分和五分只差一个等级，有了四分就不愁五分。

[注] 这一句北京谚语的意思，用了辩证唯物论的逻辑来说，就是“偶然性”影响了“必然性”。

这里的学生们，从昨日起才开始停课考试，听说是隔一天考一门功课。我的考题早已交给教务处，自有助教同志们去监场，看卷子大概也用不着亲自出马。那么，我可说已经无事一身轻了。不过关于“唐宋词”的课，我有两篇讲义尚未写出（虽然材料已经搜集得差不多了），打算趁寒假把它写得。可是两日以来，身上总觉着疲乏，思想也不能集中，看此情形，大概最近期间，还不能下笔（恐怕须要好好休息一下）。我想这有两种原因：其一，上课三礼拜，过于紧张，现在“心劲”一撤，所以透着乏；其二，星期六下了一场小雪，微觉骨疼，星期日竟日大风，奇寒无比，我上下午却仍然出去散步，不免受点儿寒。虽然不曾伤风，却也时时涕喷，咳嗽（不过也轻得很）。以上二“因”使我不大十分自在。好在今日天气甚好，像是春天，上午娘穿了新做的“皮猴”出去到小铺里买菜，回来直嚷燥热。我想明日如果再是一个好天，我的精力就可以完全恢复，到时候，看情形（也就是条件），再做决定。

北京怎么样？下雪了吗？冷不冷？要小心，别伤了风。

大夫信上说她总觉着困。我看没别的，只是累，“就是这么回事儿”（这是苏联小说上常看到的一句话）。专家说：“青年应该多学习，少睡觉。”我的意思，这话得批判地接受，换句话来说，只能是行动的指南，而不能是教条。你们姊妹都有点儿像爸爸，受点罪，卖点儿力气不成问题，就是不能缺觉，觉一缺，病就来了。不信吗？不信，你就试试（千万可别试呀）。

见面，一天比一天近了。你想吃什么？来信告诉，好让娘先预备下。江米丸子好不好？

爸爸字　十一日下午

1956年1月14日

平女：

下午躺了一小会儿，忽然想起该给你写信了，于是起来喝着茶就写。

自从过了新年之后，我同娘一直很好。尤其是娘，吃得也多了，面色也润致了，力气也有了。不过昨日下午她去开妇女会

（本学院的），因为天气好，没戴口罩，回来就觉着不得劲，今儿又是嚏喷，又是咳嗽，又是鼻涕眼泪，很像个伤风的了。希望她不致像年前那次大闹起来。我上了一星期课了，经过很不错，三天上了六“节”（原来四节，补课两节），满精神。再上一周（也是六节），就停课考试，之后，是寒假，累不着我的。

年前给主席寄去几首词，今日见到回信了：可不是咱们主席自己写的，是用打字机打出的，由中共中央办公厅秘书室署名。原文如下：

顾随先生：

十二月廿九日致毛主席的信和大作均已收悉，谢谢你的盛意。

此复，并致

敬礼

中共中央办公厅秘书室（盖章）

一九五六年一月七日

今日大夫可能回来。等她再给你写几句。

祝“三好”。

爸爸　一月十四日灯下

致顾之京书二十一通

1953年8月5日

之京吾儿：

我同你娘都非常好，非常好。

你四叔父于上月卅一日抵津。老哥儿俩差不多十年不曾会面了，相见之后，说了几天话儿。话老是说不完，所以接到你的来信已经三日了，老不能坐下安心地给你写封回信。这封信没写完，又接得你三号写的明信片。

预备升大学，又是一件大喜事。今年的喜事可真多：我的病大好了，同四叔又见了面，今天又接得你勇①叔自济南来信（他于四叔来津之日到济）。他在济给一个铺子帮忙。如今你又升大学，真是喜事重重。不会考不取的！乐观些，放宽心，放大胆，好好地备课就是了。至于选入甚么学系，我同你娘商量的结果是：尊重你的意见。不知你三、四、五姊又是甚么论调。你自己拿主意好了。不过爸爸老觉着学前教育你学着，未免屈才——不是吗？

七号发薪之后，给你寄八万元去，作校正器②的费用。

祝你聪明而健康。

---

① 勇：顾宝勇，顾随胞弟，家中行四。

② 校正器：牙齿校正器。

爸爸字　五日灯下

外寄曲凌大夫①信一纸，加封转去。他住景山东街孟家大院一号。

1953年8月29日

第六女：

方才接到来片，独坐无事，所以立刻给你写回信。其实也并没有好多话要说。好久不曾写毛笔字，借此机会练习一下，倒也一举两得。娃娃姐定于卅一日进京，时间是下午，也就是你进京坐的那趟车。她预备明天去买票，或者不至落空。

四叔父是廿七日夜车回的济南。你走了之后，他也走了，如今娃娃姐又预备着离津。寓中人口，眼看要减少一半。馒头米饭，顿顿挨剩。——尤其是四叔父回济以后，少了一个大饭量的人。顺便告诉你，天津忽然买不到好一点儿大米了：早晨我同孩孩姐上市，连上海粳米也未能买到手。

盼望得到分派的确信。外致徐娟②一信，可加封转去。

祝你安心等候分派。

爸爸字　廿九日

1953年8月31日

之京吾儿：

今天早晨，接到廿八日来信。娃娃姐下午车进京，现在就写

① 曲凌大夫：北京的一位私人诊所大夫，1952年初，医好了顾随的大病。

② 徐娟：顾随内侄女。

几句，教她带去，省下八百元邮票。

来信说，你最初准备作教养员，次后，上级派你去作专科学习，你高兴；如今又派你作小学教员，参加工作，你仍然高兴：这完全是对的。你是团员，国家需要你做什么工作，你就应当做什么工作。当此五年计划开始之时，一切工作都是为祖国、为人民，怎么能不高兴呢？

困难，我想不会没有的。只要肯学习，也就没有克服不了的困难。何况又有三姊以她的多年的经验作你的指导和顾问。放心地、大胆地做下去好了。一定有兴趣、有成绩，而且一定有前途。

我现在正写“曲学讲义”，每日写不了三五百字。你当我这白发苍苍的老教授在教书的时候，就没有困难吗？然而兴趣也就在这儿了。

爸爸字　八月卅一日

《我们这里已是早晨》那部小说，你读了没有？书中的主人翁本是一位少校，而且准备继续作军事研究的。然而党却叫他去作渔场经理——库页岛的渔场经理。结果，他作了，而且还是满好。这是值得学习的。

天津这几日来总是晴天。我伤风已大好，身上也有劲了。你娘也好，不用惦念。其余一切，娃娃姐会告诉你的。

1954年1月28日

之京吾儿：

今日下午接来信，知道你急切不能离京。

压着十来本考卷，尚未评定分数，预备此刻现在把它看完，本不打算写回信；不过在书房里坐下来之后，还是写了，虽然写不了几句。

你晚回来几天，我心里很坦然，我明白在岗位上的人应该把工作放在第一位的。你安心做你应做的工作好了。我同你娘都十分健康，不用惦记。明天下午，我准备着再“义务地”去听一次戏。

愿你安心工作。

爸爸字　一月廿八日灯下

1954年2月11日

之京吾儿：

方才看到你九号写来的信。你走的那天，就接你三姊的信，说京中学习并不像想象的那么紧张，很可以晚回去两天。可惜信迟了，你没有看见。现在只好说，早回去几日也好，收收心，恢复恢复体力，以便为人民服务。

两位大夫昨日早晨六点四十分车离津；此刻你们或者已会面了，亦未可知。你走后此间的情形，她们会告诉你的。娘的牙并没有再往下掉。石榴不见了，吃了？扔了？我没曾问。日记本已捎去了。小褂可是还［没］① 有开始作。

我的伤风并不重，可是拖拖拉拉一直闹了十来天；从昨日起（即是说从两位大夫离开眼前的时候起），才觉着好上来。而且晚上还到高家韩家串了门；今日虽然刮大风，不曾出去，我仍然有病去身轻之感。（指癣不成问题。）

① 此处脱“没”字，据文意加入。

师院上课，展期至下星期一日，然而我在下星期五日才有课，于是乎我就可以安心休息七八天，这倒很不错！

问你好。

爸爸字　二月十一日上午

1954年2月13日

之京：

十一日所写一页信本可以当天发出，你娘却说等一等“大夫”们的信，再写上几句，然后再发吧。可是等到今儿个天黑也没收到她们一个字。在我的一册小书里，发现了你遗忘下的几个小物件，现在就装在信封里寄去，不知道对你有用没用。好在并不费事，信也不过重。明日是我五十八生日。这两天以来，你娘又非常之盼望桓武带了小典来天津。可是我想以前既然捎过信教他们不要来，他们一定不会来的了。顺便说一句，我的伤风已经好了。

爸爸字　二月十三日

1954年3月6日

之京吾儿：

来信接到了。没有立刻回信，是因为上课了，比较忙。去年我对业务太不重视，随随便便，模模糊糊，这是不对的。今年我要竭力改正，也要做到“三好”。以后的信，也许要稀少一些了。

不曾立刻回信的第二个原因是：急切拿不出廿万元来。现在已领到三月份工资，今日是星期六，来不及了。不过至迟下星期一二间，你母亲可以去趟邮局，把钱给你汇出去。大约仍然汇到三姐学校。

这个月的工资扣去公债，煤火费（五十余万元，分三月扣清），还有其他等等，下余只有一百一十余万。这也没什么，尽够你母亲同我蛮不错地生活下去。

“大夫”来信说，北京工会的自行车不好，不买了。那么怎么办呢？借来的车可以长远骑下去吗？

天津下雪了，天气转寒。我很好，没有伤风。不用惦记着。

问好。

爸爸字　三月六日

不给三、四、五姐写信了。你转告一声吧。

1954年5月2日、3日

之京并转三、四、五姐同看：

来信好多日子前已经接到了。一直没有复，原故是四个礼拜（也许还多）以来，我老是天天写讲义（汉、三国、晋、南北朝时期的佛典翻译文学，中文系二、三年级古典文学之一部分）。每天上下午喝几碗釅茶之后，就下手，也不过写个千儿八百字，但也就累了，不想再写信。先写信呢？又恐怕耽误了写文章。你来信说爸爸莫不是生了你的气，所以不写信了。那可是一点儿也不对。你们姊妹们工作、学习都非常之使爸爸满意，爸爸为甚么生气呢？欢喜还欢喜不过来哩！再说：你们工作学习忙，不能常常给我写信，我是明白的，不会生你们的气。可是我也是在岗位上工作的人，我也有我的业务和任务，你们也得明白：爸爸也不见得有工夫老给你们写信呵。同时，还有个矛盾的理由，就是：娘同爸爸非常之健康，没有写信的必要。不信，你看我如果不舒服了，我一定立刻写信给你们，教你们来看看我了。上次我摔了跟头，不是当时就写信告诉你们了吗？从今以后，记住：凡是接不着我的信的时候，就等于爸爸告诉你们："我很好！"（应该说："我们很好！"）其实，只要我不忙着写文章，我是爱给你们写信的。讲义还差一页半，也许明日一天就完成了。此时，夜间九时已过，我有点乏了，明天再接着写。

五一节后一日灯下所写

今天是五月三日，下午五时前，我写成了那篇一万多字的佛典文学①的讲稿：这是我今年写成的第二篇讲稿。你们应该向我道喜！

五一节，我们不曾到哪里去。我完成了讲稿的大纲。（午饭吃得很好：有炖肉，有白煮鸡，有香椿拌对虾，等等。）晚上，本院工会戏剧研究组在本院礼堂上演出三出京戏。娘去看了。我因为连日写文章，坐骨神经疼，没有去，躺在床上看书，其实就是休息。娘回来，夜已深了，于是乎说了几句家常之后，就睡了。说也怪！有一个"耗鼠"半夜里将娘的嘴巴子咬了一口，血糊淋漓地，被头也沾上了不少血点。我是累了，睡得非常之踏实，一点也不知道。你娘倒有大半夜不曾睡着。第二天（即是昨日）虽是例假日，幸而校医室有值日的大夫。娘教他给上了药，并且包扎了一下。据娘自己说，今天已经完全不疼了。你们知道了就是了，不必记挂着。

天津天气非常之坏：下雨总是小雨，而刮风必是大风。这些

① 佛典文学：《佛典翻译文学——汉三国晋南北朝时期》。

日来，我觉得好像没曾有过好天儿似的。北京大概也好不了多少。

你怎样过的五一节？

爸爸字　五月三日灯下

五一节，我作了一首词：

浣溪沙

昨夜微微雨洒街。今朝旭日上楼台。青春全逐少年回。

处处歌声迓鼓响；飘飘云影绛旗来：万人海里万花开。

注：“回”字音如怀字之念法。第三句意思是青年男女把春天又给带回来了。迓鼓，即是腰鼓。绛，是红色。

1954 年 5 月 31 日

之京：

今日上午，接到卅日的信。你有意来津一次，娘同我当然十分欢迎。等再接着你的明信片，知道你一准来，娘一定给你预备星期日回京的车票。小站米无须乎买，家里还存着一些哩。娘说假如北京的猪油好买，来时，可以捎一二斤来。

业务介乎科学和艺术之间。科学要找规律。如同化学的公式和几何的定理，这就不能乱来，必须冷静、理智。艺术要有限度，譬如绘画，颜色淡了不鲜明，太浓了也扎眼。这很近似乎科学了，然而不完全同乎科学：因为规律不容易找。究竟颜色要多浓多淡呢？这就要求画家的经验和体会（也就是“修养”）。你现在工作了不到一年，当然不免时时感觉困难。日子长了，经验和体会随之增加，自然作来顺手而且有成绩。别人很难帮忙，何况爸爸又是一个老书呆子。

娘近来胖了许多，你说怪不怪?

祝“三好”。

五月卅一日下午　爸爸字

来时，如有闲钱，到书店里给我买一本《阿尔察诺夫医生》。我有两个月，不曾看新的苏联小说了，怪馋得慌。

四叔来信了，怕不容易脱身；不过王主任又教我写了一封信催他想法来津。

笔秃了，写出字来也怪模怪样的。

1954年6月21日

之京吾儿：

来信教我给你去信。自上星期四日停课，反而觉得忙起来——实际上又忙不出所以然来。前日下雨，昨今两日反而大热起来。停了课却忙，下了雨却热：可以说是矛盾，没有法子解决的矛盾。

看了苏联的电影片子，引起你许多感想，这也就是自己教育自己。一个人年已长大，脱离家庭，走进社会之后，就必须随时、随地，遇事养成自我教育的本领和习惯。现在，我在你身上发现了这一优点，我觉得非常之高兴。至于你从别人身上吸取了教学经验，克服了自高自大的情绪：这是更可庆幸的。

我之在我这里，恐怕正如同你之在你那里。看一看四周围，没有一个强过自己的人，这就很容易自高自大。加之，可以共谈的人又少，因之时时感到寂寞。而人们的旧社会的残余意识又那么强烈，狗撕猫咬，你争我夺，因之又使我时时觉得气愤。自己又是一个老书呆子，空有要好之心，却没法使四周围的一切好起来：在这一点上，我还不如你之有办法、起作用。于是乎我不免要闹情绪了。

暑后，你那里可以调去两位新干部，这更好。我这里，周玉言不能来；最近，听说孙铮也有八九成不能来（高教部不放）；你四叔父能不能来，也是“镜子里照着的事儿”（不可靠的事儿）。这一点，我之处境更不如你了。

你娘很好，但也苦于寂寞。前些日子下雨，天气不太热，每到晚间，我就念两段苏联故事给她听，倒也解去不少的闷。这几日，我忙，天气又热，故事书也念完了，她就有些不自在。不过这是我这么想，也许她并不如此。而且假如你问她是不是如此，她一定竭力否认的。总之，你娘是个家庭妇女，需要一个真正的家庭；而一个真正的家庭可不能只有大人而没有孩子。我们这里，恰恰正是如此。

再有个来月，你、三大姊、娃娃姐都要来天津了。大夫来信说无论如何，也要争取来这里住几天。

盼的就是这个。

祝“三好”。

六月廿一日（来津整整一年了）　爸爸字

1954年10月29日

贝贝：

昨日上午，接到你四叔的信，说：四婶子不久又要分娩，四叔经济十分困难，希望我给他寄点钱去。恰巧这个月有点余剩，所以趁着今日上午没事，我亲到邮局给他汇去了廿万元。回来之后，在桌子上摆着孩孩、娃娃和你的来信。（现在收发室有专人各处分送报纸和信件了。）

病好了没有？我同你娘的推断是：你休息得不够；而且你得病的时候，正是“霜降节”，可能因为天气骤变，受了感冒。今年不知怎样，北京历来的规矩，霜降是要见冰碴儿的。无论如何，今后天气一日比一日冷起来了，转眼便是立冬。吃饭、睡觉、穿衣服，务必时时小心（我看你信中所说，身上衣服还不算少，这是应该的）。

工作忙，这是今日普遍现象，谁若是不忙，谁就有点儿不大对头了。你年纪还小，经验还少，工作起来，总不免有不顺手、不顺心处。但这不要紧，“小”会大起来；“少”会多起来的。只是你有时在好胜、好强的情形之下，不免感情过盛，神经紧张。这好像也没甚么。但是日子一长了，你就会感到过度疲劳，而且不容易恢复了。要紧的是你必须时时刻刻留意：沉住气，不要冒火；说得哲学一点、科学一点，就是：理智支配着情感。当然，不容易做到这一步；但是你必须学着做到这一步，而且一定能做到这一步。以你的聪明而又热心于工作，倘若做到了这一步，你一定能够做出大的成绩来的。话说回来，我自己可是还做不到这一步，因为这也须要努力下工夫，而我一向却不曾注意；如今老了，“习与性成”，很难矫正自家的坏习惯了：动不动就冒火，发脾气，很不好，很不好！不过你正在年轻，好好努力，克服自己，一定能成功的，努力吧！

自你回京之后，我差不多一直为了选教材、备课而忙碌着。到昨天下午，总算把讲稿写出来了。再有一个礼拜，我就开始上课（以后可能更忙）。好久不曾写信给你，就为了这缘故。

娘完全恢复健康，这是大喜事。

祝三好。

爸爸字　十月廿九日下午

买了一部《青年近卫军》，忙里偷闲，八九百页大书，总算差不多读完看完了。不过并不觉得多么好。坏，也说不上来，只是太沉闷，念起来憋气。

王胖子①干娘住小甜水井十号，可转告两位大夫。

1954年11月4日

之京：

上星期五日给你写去了一封信，想已接到。前天，三大姐来了信，说已经收到小典和小家伙②的棉衣服——想必是孩孩姐娃娃姐在星期日给她送去的。可是她的信里并不曾具体地说到你，更不曾提到你的伤风完全好了没有。你母亲非常之惦记着，教我写信问问你，而且盼望你赶快来信。倘若忙，只写个明信片也罢。

昨日下午，此间天气出奇地好，暖和得一似春天。我牺牲了午睡，同你母亲到谦德庄人民公园逛了一下午。老虎更大了，肥了——只是趴在里面栅栏后面睡觉不肯到前面来。还看见盆里栽着一棵树，牌上题着“鸟不宿”。近前细瞅，原来枝上有刺不算，

① 王胖子：顾随早年女师弟子王逸民，绰号王胖子。

② 小家伙：顾随三女之惠之子曹宪。

连叶子也是刺。难怪鸟不宿了。

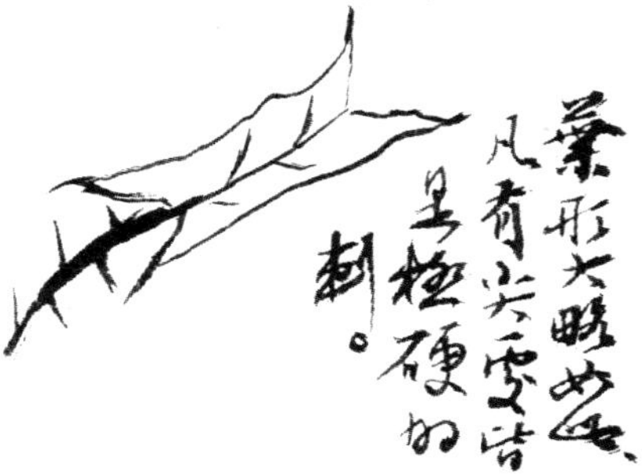

“鸟不宿”图

叶形大略如此，凡有尖处皆是极硬的刺。

你母亲近来完全恢复健康。我也好，截至今日下午，已经写了将近一万字的讲稿。

本月十五日，学院生暖气，今年冻不着我了。

祝三好。

十一月四日灯下　爸爸字

1954 年 11 月 7 日

之京：

此间收发室近来已有专人分送信、报之类。但是你三号写来的信还是给压下了。今日早晨，我出去买点心，娘教我到收发室问一声——一问，果然有。我在路上走着就拆看了。回来读给你娘听了，我们两位老人都非常之高兴！近三五日来，我们正惦记着你，怕你闹甚么不舒服。见信，知你工作效率高，有成绩，而又将于月中来津，能不高兴而且“非常”吗？

个人英雄主义决不能有。然而工作效率高、有成绩之后，自己觉得欢喜、有自信心，甚至于感到“自豪”（并不是“自高自大”），这可应了我常用的那一句口头语：“这是科学所允许的！”我常常以为：一个人工作得有成绩了而自己觉得欢喜——这欢喜乃是自己给与自己的一种奖赏和鼓励；而别人的感谢尚在其次。只要自己不满足于已得的成就，只要自己不停顿在自己固有的成绩点上，只要自己对自己时时刻刻有着新的、更高的要求：我们就很不容易成为一个个人主义的英雄。当然，还必须时时刻刻记住：自己是为国家、为人民服务。倘若工作好了之后，连欢喜之心也不能有，这算个甚么人呢？“木头的？铁儿的？”只有虔诚的宗教家才如此。我们又不是宗教家，干么要如此“克己”（压制自己的感情）呢？

好孩子，记着老人家的话吧！去欢喜去吧！

上礼拜中，接到三大姐的信。她说：她已克服了自己的情感，并改正了自己的思想，要在小学教育上做出一番成绩来。（她要写文章，我很鼓励她。）她是有才干的，要作，一定能做得到。同时又接到两位大夫的信。大大夫说她学习得有进步，读俄文书已不大觉得生字之多。二大夫也说对实习很有兴趣，而且有不少的收获。今日又见了你的信。在爸爸说来，也可以算得是“喜事重重”了。

我在两礼拜之中，除了选教材、加注释之外，还写出了一万来字的两篇讲稿。自己读了，觉得文章和思想都前进了一大步。特别是思想方面，我觉得我已经能够用马列主义的观点来批判地接受古典文学。咱们爷儿五个来一个社会主义［竞赛］① 吧。看谁能为社会主义工作更多、做出成绩来。

祝三好。

十一月七日上午　爸爸字

娘健康。你若来，她一定给你先买下廿一日六点五十的车票。

1954年11月8日

贝子：

信接到了。知道你近来体重增加（胖了）、面色红润，又知道你本星期六日来津：娘同爸爸都非常之欢喜！手指头怎么样了？又去医治来没有？不过我想：那是“外伤”，不足为患；而且想必已经完全好了。你信上说，在大夫给动刀和上药的时候，一直没有嚷疼：这可以看出你的意志力，特别是自制力非常之强。这是很好的。希望你以后凡遇见痛苦（在工作上、学习上）的时候，都能如此——而且我以为：你一定能。

才写给你两封信了。我明日开始上课；今日上下午整理我的第三篇讲稿，差不多工作了六七个钟头，真有点儿觉得累了。本来可以不必再写信，但还是写了。那本《斯大林时代的人》，这次千万想着带回来。我每逢身体疲劳、情绪低落的时候，一读苏联的文学作品，立刻就有劲了。这些日子，黄家花园小书店里没甚么新书，我又忙得没工夫上新华书店去，非常之闷气。新出的书，报上有广告，我看过就忘了。只记得有《海鸥》和《建设斯大林格勒的人们》，你若有工夫，到西单给我买一本。没有就算了，不

---

① 原文脱此词，据文意加入。

必太介意。

祝三好。

十一月八日灯下　爸爸字

娘同我一直很好。天津暖和得直像春天。本星期六之前，如不得来信，娘一准买下票，放心吧！

去年你存的廿万定期，本月十二日到期了。你来了之后，正好取出去，给自己买点有用的东西。

1954年12月10日

之京：

此刻是十一点半。娘正忙着做午饭。我正忙着写“唐宋词”的讲稿。你九号写来的明信片由收发室职工同志给送来了。我念给娘听了之后，她非常之高兴（当然我也并不除外）。后天回京车票，一准给你预备下，放心好了！只希望别让老太太再退票去。

天津的猪油（大油）不好买。希望你能在北京买三斤带来。你自然没有工夫上市，只有劳缪（?）伯伯①的驾了。本可以不给你写回信，现在还是写了，原因就为了这买油。

忙着将信发出去，也忙着写稿，所以写得如此简短了。

我同娘都很结实。只是我写稿写得有点瘦了；好在原来不胖，现在也不太显著。

问你好；余俟面谈。

爸爸字　十二月十日午

① 缪（?）伯伯：北京府前幼儿园老后勤工。

1954年12月30日

之京吾儿：

今日上午，见到廿八日来信和“冻手图”。冻手是惯病，而且天暖了，一定会好起来。使我不能放心的倒是这一封信：潦草的字迹就先说明了你是在忙、累、而且烦。忙和累是在情理之中的，（此刻在岗位上工作的人，有谁不忙不累呢？）烦可是不应该（我必须如此说，虽然我在忙了、累了之后，也时时觉得烦）。

孩子！你想得太多了，这不行！

一个不会反省的人，或者一个不爱动脑筋的人，我要劝他多想。至于你，孩子！我可是要劝你少想，特别是关于自己。关于自己，如果想得太多了，不管你是怎样的想法，总是“不徒无益，而又害之”。

上次你来天津的时候，曾对我说：“老觉着困，躺下之后，一觉到明。”我听了，非常放心，因为“美睡”最能恢复疲劳。这次来信又说“困”了。可没有提到睡得好不好，有没有工夫好好地睡眠。休息不够，最容易伤风发烧。这就怪不得你近日来感觉到不舒服了。

我很惦记你。

这两天是不是好些了？

我已经上了两星期课。这星期有六小时，星期二、三、四，接连三天，每天两小时：截至今日，算是交代过去了。（下星期还有七小时课，接着是停课、考试、放假。）我此刻也像你似地总觉着困；有一点比你稍好，还没有觉得烦而且发脾气。

娘很好，比夏秋天胖了。

你大姊连来了三星期。昨日下午带着小芸芸来了，没住下，傍晚吃了点东西，娘儿两个趁天没黑又回去了。她给我带来一个桌灯（这封信就是在这盏灯下写的）。她家里油票多，昨日带来了两张，共是一斤。四马的“军属证”发下来了，你大姊也带来给我看了一看，据说孙熙亭非常之得意。

娘现在正炖猪肉和鸡，预备三大姐和大夫同志来过新年；而且还打算包韭菜猪肉饺子，在元旦那天吃。

祝你健康，新年快乐。

爸爸字　卅日灯下

1955年1月13日

……①

刚粘好了信封，就预备发出去了，接到你十一日写的信，看过之后，我同娘的高兴正不在你之下。本来吗，做父母的都无例外地愿意看见自己的儿女的成就哇。然而这还是旧说法。若照新的观点来说，青年人是老年人的替代者，所以青年人就应当比老年人更进步，更有成绩，更富于向上、向前的精神。你工作了一年半，已经充分地做到这一步，爸爸、娘想不喜欢也不能啊。

好孩子，你应该争取做得更多，更好。

不过我不说，你也知道。

好孩子，千万不要自高自大，不要成为个人英雄主义者。

不过我不说，你也知道的。

---

① 此信缺前页。

不是你已经知道了吗？要紧的是要作得到。

好孩子，你高兴吧！你尽量地高兴吧！而这高兴便是你工作的最大的报酬。

你瞧！我不是也跟你一样地高兴了吗？我这么一高兴，咳嗽也好了，腰也就不疼了。

你比大夫治病还灵！

爸爸又字　同日上午

1955年3月10日

贝贝：

这一个多月，我们差不多每星期吃一顿饺子。昨日午饭，我正在低着头吃饺子哩，工人同志送来你三月八日写的信，我同娘非常之高兴。（当时不觉，搁下筷子之后，我不得不承认我是吃多了。）

（星期二日已将包裹取出。我是外行，不大理会。娘可是说呢子质料细致，颜色深明，满意之极。多亏你了。）

同时又接到两位大夫的信，上星期六日曾接到三大姐的信：合着不到五天，你们北京姊妹四位都有信来。虽然是小事，可也是不常有的事。星期一日给大夫们写了一封信，预备娘第二天到邮局取包裹时，好给她们寄点零花钱去。三大姐的信里，提出一件事来同我商量，她似乎很着急，所以星期二日下午，赶着给她复信。当时本不想多写，不料越写越多，竟用了三页稿纸。累得晚上也不曾睡好觉。星期一、二、三日我都有课。星期日我又出席了一天天津市政治协商委员会的会（现在我是一位委员），实在疲乏。昨日下午委员会还有个宴会，我也不曾去。当然，也不能有气力复你信。

“忙”是在工作岗位上的人们共有的感觉，你们如此，我也并非不如此。不过也实在没法子不忙，如果一个人想工作出一点点成绩来的话。“累”则是忙的必然的结果。工作要求有成绩、思想要求进步是应该的；但决不可以着急。同落后的势力和坏分子作斗争是当然的，但决不可以生气。任务一定要完成，而且保证质量，但决不可以躁进，或怕犯错误，落批评。着急、生气、躁进、怕犯错误、怕落批评俱都是小资产阶级知识分子的坏习气。克服了这些坏习气，“忙”也忙得出个头绪来，而“累”也累不到哪里去了。（这一段道理，我不说，你一定也明白，因为你是一个优秀的青年团员，而且还常常靠近党。不过在我，可是新近才体会到这一点。）

你写的、预备给孩子们朗诵的诗，满不错。（好孩子，真有你的！）照我们大、中学语文教师的说法，是：

①主题思想正确：培养孩子们的共产主义道德，爱好劳动的精神（《大烟囱》），和爱美（大自然）的情趣（《初春》）；

②词汇丰富；

③语法正确而句法简练（即：每一句包括一个完整的概念）；

④有节奏，即：富于音乐性（这是诗歌的要紧的成分之一）。

但小缺点也并不是没有。

大烟囱是为了什么目的而修造起来的呢？这似乎不能不有个交代，你的诗可又不曾交代。你可提防着调皮（聪明）的孩子问哪！

其次是字句的问题。在《初春》这一首里，第七行有“来回流动”四字，“流动”为什么是“来回”的呢？我的意思是：将“来回”改作“轻轻”，不，改作“微微”或“慢慢”。（你以为何如？）又，第九行的“跳跳”之下，你写得不清楚，仿佛是“跃跃”两字，那么，你为甚么不改作“蹦蹦”呢？这不又押了韵了吗？

最后，你写得还不能十分“形象化”。这样说，也许对你要求过高。而且你也许觉得：不是净写的具体的事物吗？怎么“还不够形象化”呢？不，我不是那意思；我是说：你所写的俱是事物的说明，而不是动作的过程。这也许因为你写的是静物（烟囱）和大自然（初春）的缘故。小孩子们最喜欢“动”，你知道的。你常给孩子们讲故事，你一定有不少的经验。你只想一想什么故事，小孩子们最喜欢听，就行了。普希金的“童话诗”，不知你读过没有。我劝你找一本，细细地读一读。这本书译得不算太好（甚至可以说是“坏”），但你一定能够在它里面学得一些创作方法。（你若能成为一个儿童文学家，那可是非常之好的事。）

总之，你初次创作，已经有这样的成绩，这就满不错。等朗诵过了之后，你将那结果报告给我。咱们再细细讨论。

今日是你同大夫的生日。爸爸从心里祝贺你们一天比一天强大起来。（娘当然“同此”。）

娘同我都健康。不用惦记。（因为我们始终不曾伤过风，虽然天津市天气非常冷，而且今日外面还下着“寒雨”。）“三八”节，娘也没有到哪里去。主因是我有课而且累，她一个人也不起劲。

大姊上星期来住了四天，星期日（六号）才回去，给你和娃娃姐缝得了夹大衣各一件。

今日下午，津市中苏友协代表会开会，我是代表，此刻还拿不定主意：出席呢？不呢？

问你好，并祝你愉快地度过第十九个生日。

爸爸 十日

1955年3月27日

贝贝：

廿三日写来的信（还有剪下的报），廿四日就接到了。手下有些琐碎事儿，一晃儿就是三天。现在坐下写回信，但因为身体疲乏，不会写得太长的。

总结一下你这次来信的内容，是两个大字："忙"和"烦"。这两种现象有其相互的关系，即："忙"了所以"烦"，越"烦"就越觉得"忙"。当然，"忙"是不可避免的，而"烦"则是不应该。作为伟大的中华人民共和国的一个公民，而且为了社会主义而奋斗，不忙，简直是不可能。烦可是绝对地要不得。不过你现在能得到党的支持和党书记的帮助：这是莫大的幸福；也就是你的勇气和力量的取之不尽、用之不竭的源泉。等你年龄略长、经验丰富之后，工作一定更顺手，效率一定能提高，成绩一定更良好。这个，爸爸可以写"包票"。当然，主要的条件还是你自己的努力。但说到归根到底，爸爸对于贝子（而且不只于贝子）的前途是抱着乐观的。

《警察叔叔》写得不坏。但是我提议在第八行"回家"两字前面加添上"去上班或者"五个字。这样，这句话就成了："照顾行人安全地去上班或者回家。”意思比较地更为圆满一些，不是吗？当然，这么一来，句子长了，孩子们念着也许费劲。可是我总以为光用“回家”两字，不够“有力”。（只有消极方面的意义而没有积极方面的，是不是？）“行人”或者再改成“人们”；“照顾”下或者再添上一个“着”字。你斟酌吧。我并不坚持。

热烈地欢迎你来天津过春假。娃娃姐春假是在下月四、五、六日。（她来信说，能来不能，还不一定。）三大姐则是七、八、九日。（她来信说要带着两个孩子一起来。）这样，此来彼往，第二宿舍楼下可有十多天的热闹。娘不至于感到冷清了。（大姊姊回去一礼拜了，也许明后天来。）

昨天晚上，协商委员会办了一个“周末晚会”，送了两张入场券来。主演的是公安部队文工团。我同你母亲出席了。音乐、跳舞、独唱（真好！可惜你不在座），后来是一出“曲艺剧”（名《技术员回来了！》），俱都精彩非常。我们很高兴，但今日也都累了。散场后，坐了院长夫妇的汽车回来的。

祝你愉快而且健康。

爸爸字　廿七日午饭前

1955 年 12 月 13 日、14 日

贝贝：

日子过得飞快，也可以说过得胡里胡涂。我总以为四年级学生有六个星期的实习，我足可以休息一气。不料想今日下午躺了一个多钟头，起来喝着茶查了一下学历，原来这个星期六日，实习就结束了，从下个星期起，我又该上课了。这虽然不至于使我

大吃一惊，却也不免有些出乎意外之感。（我算错了，学生实习，这个星期不算，还有三个星期哩。我又安下心来了。十四日下午。）至于有多少日子没有给你写信并且没有接到你的信，那可是更说不上来了。

上了课，怕就要赶进度，不见得有工夫给你写信，所以趁着今日无事，先给写一封，其实也并没有好多话同你谈。

首先告诉你：你母亲同我的伤风都好了，你母亲也吃动饭了，你们大可以放心，不用挂念着了。这次我们两人伤风是到津以来最厉害而且最长久的一次，前前后后，哩哩啦啦，闹了差不多一个来月。也许倘若你四叔不来加楔（ㄙㄧㄝ）子，也到不了这步田地。希望以后再也没有这样不如意的事儿。

在病中，因为无聊，作了不少的词（大概三五天就冒出一首来，这也是病久不愈的一个原因）。上次给你抄去了一首，意思是：让你看看，给我提意见。当然，你不会作词，而且也不是学文学的，所以很难勉强你作出正当的批评来。不过感性认识总不会没有。你就把读过之后的感性认识写几句给我看看吧，也无须乎太多。

累了，明儿再写吧。（十三日写至此。）

今日上午，接到你十二日的信。很高兴。因为你工作忙而身体好。这两项（工作忙和身体好）必须结合起来，才能成为中华人民共和国一个好党员和好公民。希望你保持下去。（永远这样！）你自觉能力不足，甚至有时“碰钉子”，我以为没什么。主席说过：“钻进去，三年五年，一定学得会。”你还年轻，从此刻锻炼起，几年之后，一定有成就。好孩子，坚持下去！

娘还在那里忙着做我的小棉袄哩。我也曾劝过她，这次又把你的信读给她听了，但她还是不停地做。不过我想她的手已经禁得起做这样的工作了。又是一件喜事！不是吗？

谢谢你对我的词的意见。（说“谢”并非客气，对自己的孩子还客气吗？）你说的完全对，缺点就在不能大众化。但是爸爸的能力也只能做到这一步了。你想想：我并没到农村去过，只凭躺在床上，关在屋里幻想，就写出这样的词来，还不难为老头子吗？

祝“三好”。

爸爸字　十二月十四日

×年×月14日

……①

来信说，“没有解不开的疙瘩”，这很对。不过我心里的疙瘩不大容易解开。因为我的疙瘩的来源是由于身体不好，不能更好地为祖国、为人民服务，迎接社会主义建设的高潮。上个月底，我居然因病告了一星期假，幸亏学生实习去了，我还不十分着慌。但是总觉身上不长力气，而且也不能看书了（不过还好，一直没有失眠过），心里十分不快，于是成了疙瘩了。其实，我假如破上②不干，甚至休假，也许就好了。但我又不甘心。你有什么好主意吗？

十四日下午又字

今日晚上，之燕也许回来，我教她给你写几句。她如不回来，明早也把信发出去。

---

① 此信缺前页。

② 破上：犹言豁出去。

致徐锡三书四通*

1932年6月23日

锡三六兄：

今日接得写寄小纨信一封，敬悉种切。爬山虎都已栽活，殊可喜。近中弟各校都已结束，惟考卷颇多，阅看为劳。令妹近日身体甚好，似已发胖。小孩亦好，较吾兄在平时为胖。勿念。匆匆，余俟再函。敬请

日安

弟随顿　六月廿二日

像片与裤子一条都托振武[②]带去。又白

1932年8月10日

锡三六兄：

手书敬悉一是。麦仁收到，忘记去信告知，实在是弟之粗忽，不罪不罪。桂侄[③]订婚甚好，恭喜吾兄了此一条心事。绣纯[④]亦已成年，亲事高低不就，弟常念念不去心。外边难得门当户对，仍

---

* 徐锡三：顾随内兄。

② 振武：刘振武，临清徐家亲戚，时在天津做生意。

③ 桂侄：徐桂贞，徐锡三之女、顾随内侄女。

④ 绣纯：顾随长女之秀，本名。

烦吾兄在家时时留意，本乡本土，诸事较易办理也。

女院改组，国文系改作文史系，功课亦多变更，旧人多半下台，弟亦在被裁之数，加之欠薪不发，二千余元尽付东流，真是哑子吃黄连，有苦没处说。好在中法大学聘书已下，燕京大学又有续聘之议，尚不至落空。不过月薪较之上半年，要减少一半，日用不免稍形拮据。今年友人们皆不大好，说起来，弟尚算非十分倒运者也。

家中苦旱，北平倒时时下雨，今晚又是一场，不知贵处如何？匆匆作书，不尽缕缕。敬请
秋安

弟顾随顿　八月十日半夜

桂侄出阁，需用之物品，如有须在北平购买者，请来函示知，以便照办。弟随又及

1934年7月13日

锡三六兄如晤：

今日早得手书，得悉患脚气甚剧。此病甚麻烦，西医恐未必能给完全除根，最好吃几济中药清清内里积湿，否则常常喝一点茵陈酒，久而久之，自必见效也。弟今年夏日颇康健，脚气亦未犯，甚堪告慰锦注。令妹及孩子们亦好，小娃娃[①]一日胖似一日，极为喜人。北平地面近来尚平静，各校聘书虽未下，然弟已与校中当局接洽过几次，想来不至再有变化。此间连日亦下雨，但不甚大耳。专此。敬颂

① 娃娃：之平乳名。

夏祺　并祝

阃第清吉

弟顾随顿　七月十三日

1939（1940?）年3月24日

锡三六兄如晤：

前奉一函，谅达。谦弟以病休学，在平闲住无聊，有意返里一行，当为兄带去两幅画。弟今日为张姑爷写得一付对联，但字迹太坏，日内仍当再写几张，挑其看得过者，命谦弟奉上。平中近日颇好，春暖花开，吾兄有意来此一游乎？桂贞侄女如能仝来尤妙，令妹固时时盼望也。弟比来常常失眠，精神因之不好，甚么事都觉得没趣，稍一动作，便觉疲乏，殊为不快耳。昨日此间大雪尺许，亦数年来所不常见。家中何如？颇旱否？专此。敬颂

春祺　并祝

阃第清吉

弟随顿　三月廿四日

海清君统此

致张海青书四通

1932年11月6日

海清贤内侄婿如晤：

前得手书，以正值课忙，贱躯又微有不适，至今始覆，不罪不罪！不佞年来教读北平，碌碌乏善，来书奖语过当，惭愧惭愧！嘱作字，俟稍暇当勉为之。正恐笔拙手疏写来未必堪入目耳。明春如能来，甚好。平中春暖花开，仅有数处可以盘桓也。匆匆作覆，不尽缕缕。敬颂

时绥

顾随拜手　十一月六日

阁下次章是否海清，再来信时请示知。又白

1933年3月31日

海清贤侄婿如晤：

屡得来札，懒未即覆，不罪不罪！不佞春来多病，意绪殊不佳，明日是春假，今晚无事，写得一小幅字，附函寄去，不知有当尊意否耳。匆匆不尽缕缕。即颂

日祺

顾随敬白　三月卅一日

桂侄统此

1933年10月9日

海清贤侄婿如晤：

顷得手书，得悉新有弄瓦之喜，兹由邮寄奉些微事物，聊表贺忱，望祈哂收为荷也。不佞秋来仍在平中各校教读，乏善可陈，所幸寓中平安，堪慰锦注耳。专此。敬颂

俪祉

顾随拜启　十月九日

1942（后）年12月21日

海清贤内侄婿如晤：

顷得手示，得悉乔迁新居，贺喜贺喜！贱况如恒，乏善可述。差幸今年不冷，腰脚未至十分痛楚耳。大小女半月前自津来京，一家团聚，尚属可喜。余无足道也。余久不作字，日前又苦头晕耳鸣，拙稿亦有三星期不曾续写。年长体衰力不从心，如何可说！三日来以枯坐无聊，临得北碑《张黑女墓志》一本，文旌如能北来，当检出相赠，但亦非得意之作。阁下如不以为丑，便可携去。草草不尽欲言。专覆。即颂

冬祺

顾随顿　十二月廿一日

内子附笔问桂贞侄及令郎令媛俱好。又及

[校记]

顾随致亲戚的书信，至今共辑得五十通。其中，致徐锡三、张海青八通，见诸网络（图片），此系首度付排；其余均已收入全集。致顾福芸、顾谦、顾之京及孙书秀者，因见原件（或复印件），又予核校，并作订正；（信中，顾随多呼女儿小名、昵称，此次悉据手迹还原。）致顾之惠、顾之燕、顾之平及曹桓武者，未见原件，仍依《顾随全集》。

编者

卷二

浪淘沙*

用周晋仙明日新年韵与家弟六吉同作

没得买山钱。何处高眠。吟诗也是咽残蝉。争似弟兄同一醉，玉浪金船。　　絮语小炉边。暂谢尘缘。窗前风月正凄然。可笑山妻还说向，明日新年。

附家弟作

沽酒不论钱。醉了高眠。爱听高柳乱鸣蝉。万里青天连碧海，稳泛轻船。　　心事小词边。是甚因缘。临风独立更茫然。万事消沉君莫问，明日新年。

---

* 作于1933年。

南　乡　子*

寄家六吉弟

卷地起风沙。夕日寒空噪晚鸦。课罢归来无意趣，煎茶。烟袅先生两鬓华。　　兄弟隔天涯。乱后争知尚有家。一纸书来无计说，桑麻。那有青门可种瓜。

---

* 作于 1940 年。

寄家六吉济南*

春城极目见烽烟，人事萧条更可怜。
绕岸垂杨拍堤水，几人乘兴上湖船。

---

* 作于 1946 年。

最　高　楼*

廿五日写致家六吉书竟复缕以此词

吾衰矣，耳顺欠三年。病起鬓毛斑。如今不是东篱下，何须采菊见南山。莫休休，休莫莫，似前贤。　　七十岁，叫天身段巧。六十岁，小楼功力好。犹打棍，且安天。细思吾弟年方壮，那能斗室坐偏安。一壶茶，三顿饭，两支烟。（“打棍”者，《琼林宴》；“安天”者，《安天会》也。）

* 作于1953年。

鹧 鸪 天*

燕女弥月为赋此词

一片生机未可当。试看东海浴朝阳。清眸点水澄潭影，笑靥生花散乳香。　　尘满面，鬓盈霜。生身谁不有爷娘。可怜往事思量遍，不记当初似汝长。

---

* 作于1932年。

乳 燕 飞*

吾有两女在津，三女居京。除夕元旦有两女自京来津，其最少者已于去岁被吸收入党，于其行也，赋此词以送之。古有誉儿者，吾今乃誉女。

五十余年事，算何曾、胸罗万卷，路行万里。三客津沽身已老，旧学从头重理。愧伏枥、长嘶病骥。日日出门成西笑，望赤云天际峥嵘起。歌一遍，情难已。　暮有弱女非男子，慰情怀、一堂聚首，年头岁尾。最小偏怜偏进步，加入工人队里。全压倒、老夫意气。战斗精神知何限，共春花国运韶光里。搔白首，悲回喜。

* 作于1956年。

卷三

内兄羡季教我写字*

韩奎炳

羡季兄与我系至亲，长我二十五岁，相识之时，他已为名教授、大词人，我不过是个普普通通的中学生。在接触中，我最喜爱的是他写的字。

回忆抗日战争期间，我闲居天津，终日无所事事，想读点书以打发那苦闷无聊的时光，于是函请予以介绍。回信为我指出四部小说：文言的是《聊斋志异》《阅微草堂笔记》；白话的是《水浒传》《儿女英雄传》。这是我第一次见到羡季兄写的字。苍劲秀丽，使人爱不释手。从而也引起我学习书法的动机，并将此意告知羡季兄。承蒙惠寄“九成宫”字帖一部，更宝贵的是他临写“九成宫”帖的楷书一全套。迄今虽然已时隔五六十年之久，但还是清清楚楚记得所临楷书极为工整，就连帖中残字，也照样临写下来，半笔不漏。当时既钦佩他认真精神，更羡慕他写的与帖上一样，于是将他所临写之一份覆盖字帖之上，多天衣无缝，真叫绝了！最可惜我所最喜爱的字连同多年的来往书信，尽遭遗失，手中竟无片纸只字！

有一次，在北平他寓所言及此事，他笑着说：“平时写的字，多随手弃之，那一遍写的尚可，送给了你。”（他客厅的窗户多用

---

* 选自孙绳武编《顾随和他的世界》，作家出版社 2007 年 11 月出版。

他练字的纸裱糊）当请教如何写好字时，他说：“字写得能拿出手去并不难，不是有人说‘中国字怕一百天’吗？但写得好，就靠天资与功夫了。有人说‘天九人一’，未免过于强调天才，还是‘五五对开’吧。”

回忆羡季兄之所以成为当代文学家、书法家，不仅是由于他的才分，更重要的是他终生勤奋认真的努力！而我天性愚钝，更乏勤奋精神，虚度岁月，一事无成，有负羡季兄教诲，回忆及此，深感内疚。谨书数语，以志思念之情。

怀念敬爱的舅父*

孙书秀

我是个苦命人，如果没有舅父的养育便不会有今天的我。

顾随是我的亲娘舅，他长我母亲六岁，在我十四位舅舅中最年长，我称呼他“大舅舅”。

1930 年夏，我出生在鲁西北大运河东岸的一个叫王家坊的乡村里。孙氏家族原是书香门第，可是到 1937 年前后，历经天灾、战乱，我家已逐年败落。而我出生不满百日，父亲就病故，母亲在悲痛与苦难之中大病一场。我从打能记事起就很少有好日子过。母亲在走投无路的情况下，带着姐姐和我，投靠姥姥家生活。母亲后来就靠做针线糊口。到我该上学的年龄也上不成学。

1942 年夏天舅父把我从冀南农村姥姥家接到北平他的家中去，那时我刚满十二岁。大舅家七口人，再加上我，全靠舅父一人教书维持，生活也很紧。就在这种情况下，他让我报考了私立四存小学，插班读四年级，还给我做了新学生服。当时我高兴极啦！一个从来没有得到过父爱的苦孩子，感到舅父待我如子：直到后来无论在哪个时期，凡是与舅父接触的时刻，我都有这种感觉。

两年后，为了让我能早些挣钱养活母亲，舅父只好托人把我

---

* 选自《顾随和他的世界》。

送到天津小王庄公济米庄学徒。临行前，舅父教导我说：“你在柜上务要守规矩，努力学好，你母亲渐渐也老上来了，就指望着你，你可别教你母亲失望。”我在这里学徒四年多，舅父没断在信里这么嘱咐我。1949年秋我报名参加了人民解放军，舅父很高兴，他来信说：“你现在是大人了，成器了。要叫人家看你是个中用的人，而且是个可靠的人，要吃苦，要耐劳。你舅舅做了卅年事，本事，一点儿没有，就是个吃苦，耐劳。记下了!”他老人家的这些话，我真的用了一辈子。

我参军后，在部队生活了五六年，那是建国初期，正赶上部队文化大练兵，舅父看到时机很好，便鼓励我努力学习，力争上进。在舅父的鼓励下，我利用业余时间尽量多看书，但不知该怎么学才好，于是写信给舅父，请教学习方法。舅父回信说，“你必须有个计划（方法先不要管他）”，然后告诉我，“首先必须有正确的‘思想的理论基础’”，于是给我开了书单，先是毛主席的《矛盾论》《实践论》《反对党八股》等七篇著作，然后是鲁迅的《朝花夕拾》《呐喊》《彷徨》等四部著作，还有历史、哲学、经济方面的书目。为了让我学习上有计划，信的最后还说：“你现下所有的书，我希望你给我开一个书目单子来。我预备给你排个阅读的前后次序和轻重分量。”在舅父的指导下，我真的读了一些书，或多或少地弥补了我在校时间短、读书少的不足。

在学习中，即使一些很小的问题，我也写信向舅父请教。有一次我在信中问舅父什么是“跋”。舅父回信不厌其烦地给我讲，什么是“序”，什么是“跋”，它们有什么不同，有时候又有什么相同；他还仔细地告诉我为什么《资本论》书前有“跋”，为什么

《毛泽东选集》上“农村调查”只有“序言”和“跋”。舅父要教书，要写作，身体又不好，他的信是一个大学教授给我这个小学毕业生讲课呀，我怎能不加倍努力学习呢？

有一段时间我对写诗产生了兴趣，就又把“习作”寄给舅父看。舅父回信中既鼓励我又教导我，他说：“你的诗不妨写下去。无论哪一个大作家，谁也不能一出手就成功。不过为了写诗，首先你得把散文写好：这是写诗的基础。散文写不好，诗是不会写得好的。我看见你的来信，觉得你在散文方面，似乎没有多大长进似的，你自觉着怎样？”先前他老人家也曾来信，先是夸奖我此次来信开头写得很好，“是学习和体验生活的总结”，而且“就形式和风格看来，颇像是诗”，但接着就提醒我：“不过你不要以为我在鼓励你作‘新诗’。诗在文学中是最难于写作的一种。它需要作者极大的天才和努力。一个人没有写诗的天才，写到老掉了牙，也是白搭。努力呢，又分作三种：一、努力读书；二、努力写作；三、努力深入现实生活。这三项努力，少一项也不成。而且没有这三项努力，纵有天才，也不能成为诗人。”最后还是告诫我先“好好地练习写散文”，说我那时“住在鞍山，耳之所闻，目之所见，一定有许许多多值得写的。你应该学着写”。

为了帮助我提高写作水平，我写给舅父的信他总是给我修改了病句、改正了错别字再给我寄回来，只有一次他批改后因为忙乱一时没寄回，后来竟找不到了。他特地写信告诉我：“上（?）个月来信，差别字不少，当时我都改正了，想给你寄回去，可是今日翻遍了抽屉，也找不到，只好作罢。”舅父对我的信，像批改学生作业一样地认真呀！

有时我的信字写的不成样子，舅父回信也会批评我：“你的字写出毛病来了：横不能平，竖不能直，像一堆乱劈柴，也像一群‘窝风鸡’，看起来教人不好认，而且也感觉不舒服，以后要随时注意矫正。”但我的字一直没练好，直到这些年离休以后，学学书法，字才有了点长进。

我练习了一段写作后感到进步不大，于是不想多练习了。舅父回信对我又是批评又是劝导，信上说：“一个初学写作的人必须常常动笔，才有进步”，还在信上告诉了我怎样地构思，怎样动笔；最后批评我信上“不是以作家和文人为目的而生活”的泄气、赌气话。他说：“不是一个文学家，他也必须具有文学的修养；就如同一个人虽然不是演说家、教员，他也必须能掌握语言的技术，使用精确的语言。……文学，越来越不能成为文学家、文人的专业和专利品了。”舅父的这封信，对我教育很大。

1955 年我从部队转业到地方，开始时我想升学，又向舅父讨办法。舅父来信说“要升学很好”，要紧的是“赶快温书”，学习上没有什么“近道”和“巧门”，他还让表妹给我找“升学指导”一类的书。我没升成学，就一直在地方上工作。1958 年在干部“下放”期间，舅父来信指教：“希望你消灭个人主义思想，深入群众，联系群众，依靠群众，做出成绩来。此外还有，就是希望你树立无产阶级思想，争取早日入党。”

在我结婚前，母亲曾去天津探望舅父，回来时，给我带来的是舅父亲笔为我结婚题写的贺词：“同心同德复同志；前瞻前进有前途。”当时，我高兴极了，这对联一直在我屋里挂了十年，激励我生活，鼓励我上进。可惜，这对联竟在“文革”中被烧毁。

1960年，舅父病重，母亲再次去天津看望舅父，而这次带回的却是舅父葬礼的一张照片。看到后，我心如刀割，手捧照片，号啕大哭，久久心情不能平息。

万没想到舅父竟会走得这么早。我还没来及孝敬就离开了我们。回想起来，唯一使我可以心安一些的事只有一次，那便是当我在东北军区直辖市公安部队工作时，正赶上供给制改低薪制，条件稍好了点儿。于是我借到北京出差路经天津的机会，买了三样礼品，去看望舅父。一样是大连的苹果，一样是在秋林公司购买的煤精雕刻墨水壶，一样是千山藤木手杖。后来听我母亲说，大舅父很喜欢用我送他的这根手杖，还说，舅母叫把它放到棺材里带走啦！这是我第一次给舅父送礼物，但也是最后一次了。还记得这次在舅父家舅母请我吃她亲手炖的鸭子；在舅父家生活多年，这一次是舅父在书房单独给我谈话，也谈得最多。可能因为我已是成年人了吧，他的谈话从人生到做人，从哲学到禅学，从政治到文学，从书本儿学习到实践等等都谈到了，还都举了例子。我记得还给我讲了钟馗和梁山伯与祝英台两个故事。这次谈话对我教育最深刻。临走的时候，舅父非要亲自送我到河北大学的校门口，并且叫来三轮车，说把我送到火车站。我都走出好远了回头看看，舅父舅母二位老人家，还在学校门口站着看我呢！

舅父去世虽已多年，但对他老人家我总是难忘，说也说不完，写也写不了，虽然净是一些“小事”，可老是历历如在目前。我认为，怀念老人，最好的方式莫过于告慰他们的在天之灵，让老人知道我今天的情形，好在九泉之下安心！我想敬告舅父的是：一、您所教导的，我在几十年中，都基本做到了。现已离休，安度晚年。二、对我母亲，已养老送终，她享年七十九岁。

舅父、舅母，请您在九泉之下放心地安息吧！外甥没有白让二位老人费心。

1999 年 6 月 25 日

忆父亲顾随*

顾之惠

1941年的秋天，我家从东城迁到地安门里碾儿胡同。那时，父亲在什刹海附近著名学府辅仁大学的中文系执教，我也正在辅仁大学读一年级。每星期五下午，父亲下课与我放学时间相同，我们经常从当时辅仁女院的后门一块儿走出来，穿过什刹海中间弯曲而较宽的一条土路经地安门回家。这条土路，现在已经建成荷花市场了。父亲在不感觉太疲倦的时候，总是一路给我讲些过去他生活中的事情。五十多年过去了，父亲也已去世三十余年，而这些情景还是常常清晰地印在我脑际，往事犹如就在眼前。

一年深秋，天气已经比较冷了，父亲边走边讲起祖父当年从河北省南部故乡送他到北京去投考大学时路上的一段小事情。那时，故乡还没通汽车，要走两三天旱路才能到山东省德州乘火车北上。那是个滴水成冰的严冬大风天气，在一个小客店里宿夜，客房的窗子有很宽的缝隙，冷风直吹进来。父亲当时年轻，经过一天牲口轿车的颠簸，上床就入睡了，而祖父冻得不能成眠，他怕我父亲冻得睡不好，起床与客店主人要了糨糊和纸，一个人登上桌凳糊窗缝。天太冷了，糨糊刷到窗棱上立即凝成冰糊，祖父

---

* 原刊于《京华胜地什刹海》（北京出版社1993年12月出版），后收入《顾随先生百年诞辰纪念文集》（河北大学出版社1999年6月出版）。

的手敷在窗缝上，用手温暖化糨糊，待纸能粘在窗上时，祖父的手业已冻得僵直，不能握拳了，但祖父就这样用了小半夜的时间糊好了窗缝，让我父亲能够有一夜的安眠。父亲还说：为了能让他走出封建大家庭到“洋学堂”读书，祖父不知花费了多少心思与周折，也可以说是对那个老式的封建家庭作了不少的斗争吧！祖父是位有见解的人，他唯一的愿望就是要他的后代读书、成才，不要一辈子在农村当个“土财主”。父亲不只一次地和我讲起这件事。他教育我们姐妹，从来不是板着面孔端坐在椅子上讲大道理，从他讲的这些事情里，我明白了他的意思：正像祖父对他的期望一样，他要我们上学、读书，成为有文化水平、对社会有用的人。写到这里，我不免还要写一件更小的事情。

1945年我毕业后到什刹海左近刘海胡同的辅仁大学教育系附属小学工作。一天，我正在教室给学生上课，见父亲领着我最小的妹妹在学校的垂花二门下站着，他是送六妹顾之京转入附小来读书的。大约又过了两年，我正好又是在教室给学生上课，又见父亲领着刚从老家来的堂弟，站在垂花二门下，送堂弟来上学。父亲的一生可以说除了做学问之外，许多琐事他是不大过问的，而唯有孩子上学、读书的事他要管，并要认真地管，这还包括别人家的子女。父亲一辈子都在读书、教书、育人，他深知一个国家若要独立、富强，提高人民的文化水平是不可缺少的，愚昧落后的民族在世界上总要处于屈辱的地位。

然而，父亲绝不是一个所谓“教育救国”论者，作为一名教授、诗人，他首先是一个爱国者。抗日战争时期，他身处沦陷区的北平，心情非常痛苦。那时的大学教授生活是十分清苦的。我们在碾儿胡同独门独院的庭院内住了不到两年，就不得不又迁居到什刹海北岸的南官坊口胡同一座几家同住的大杂院里。生活条件是差多了，但父亲却得以时常到什刹海岸边散步。他的词集、诗集中，留下了不少在什刹海散步时的作品，如《鹧鸪天·赠北河沿柳》，就写了北平沦陷时期什刹海的苦景和自己内心抑郁的苦情：

九陌无尘静市声，红楼一角燕双轻。长条雨后留残照，飞絮风前并落英。　　谁识我，此间行，临流羞见鬓星星。可怜惟有河边树，曾伴先生客旧京。

写于1992年2月

忆 父 亲*

顾之惠

我们姊妹六个，父亲了解我们每个人的长处，也许这就是他喜欢我们的地方吧。在适当的时间、场合，他会很自然地告诉我们。对于我，他说我生活方面能力强，善于处理事情，生活上让他省心；还说我能帮助母亲料理家务，帮她照顾了我最小的妹妹之京。记得在我结婚时，他的主婚人讲话中还含有这个意思，当时我和三个妹妹听后都流泪哭了。但我自己很清楚，在读书与选择职业的道路上，我是我们姊妹中，最让他费心、劳神的一个。

1930 年冬，我七岁，从故乡的小乡村来到北京这个大城市。一个从来不知道什么是集体生活、没见过“世面”的小丫头，当父亲送我到学校读书时，我怎么也不肯去。当时父亲在燕京大学执教，我们住在现在的海淀区，当时离燕京大学东门不远的一条胡同里。出了胡同北口，就是一片田地。春天的时候，父亲常领着我和二姐之英去田边挖荠菜，回家来让母亲给包饺子吃。记得小学开学的头一天，早晨天已经很冷了，父亲送我到学校，我就是不肯进教室，父亲只好领着我回来，我还不肯回家。父亲没办法，只好带我到燕京、清华两校之间的一片野地里转悠，一边走一边哄我，还给我买了一缸小金鱼。这情景我现在还记得很清楚，

---

* 选自《顾随和他的世界》。

近七十年了，时时浮现在眼前。前几年小妹之京整理父亲的遗稿，她告诉我，我逃学父亲给我买小金鱼直到玩腻了小金鱼还是不肯去上学的事，父亲写进了他的一篇散文里。那时父亲身体非常不好，回家后就感冒了，母亲非常生气，还打了我。我又害怕又难过，可就是不肯到学校去上学。以后父亲便让姐姐和叔叔在家里教我识字、读书。过了一段时间，他给我请来了一位家庭教师，这位老师是父亲在天津女师学院的学生，她每天到家里来给我上课，有时大姐之秀也随着听。老师每天除了教课本外，还教我唱歌，现在只记得她教会我唱“打倒列强”这支歌。她给我讲鲁迅先生的故事，给我读鲁迅先生的小说和杂文……这一切使我知道了要爱国，要和伙伴在一起，生活中要关心别人，女孩也不要总呆在家里，要有本领。父亲给我请的这位老师姓孙，名瑛，她是我真正的启蒙老师。很久以后我才知道她是一位地下党员。遗憾的是她后来去南方了，我再没能见到她，我一直很想念她。直到1990年我才得知解放后她在上海一个单位做党委书记，这么好的一个人竟在“文革”中受迫害而死。

经过孙瑛老师的教导，在我十二岁那年，父亲和他的挚友卢伯屏先生——我敬爱的卢大爷，顺利地把我送进了一所私立中学。从此我才正规地走进学校读书，在学校里学习逐年有所进步，三年后我考入了北京的名校师大女附中。

父亲虽不是个旧式的“学究”，但若说他喜爱体育运动，恐怕许多人不相信。其实父亲重视体育，喜好运动，只是长时期生活在内忧外患的旧中国，积劳成疾，身心都没有余裕参加体育活动了。父亲年轻时在青岛教书，经常到海边去泅水，还留下了张在大海礁石间的照片，可惜这珍贵的照片“文革”中被抄走再也无法觅得了。他还爱看足球比赛，懂得足球的许多规则，尤其是打得一手好乒乓，他说用“大刀”式的打法最为有力。我上中学以后，父亲教会我打乒乓球，教我怎样“发球”“抽球”“扣球”，如何“防”，如何“攻”……他愿意和我一块儿打球，说我打球“有招术”，一块打“过瘾”。那时家里有乒乓球台，我经常和父亲、卢大爷一起打乒乓，所以我现在乒乓球几十年不打，拿起拍子还能打上几下子。由于父亲教我打乒乓，也引起了我对球类运动的兴趣，在中学里各种球都能打，在师大女附中，我还是校队队员呢！

到我高中毕业的时候，北京已经沦陷了好几年。父亲不允许他的子弟上敌伪政权掌握的学校，前此两年他让二姐之英从公立美术专科学校转到了辅仁大学美术系，四叔父顾谦从老家到北京来上学，父亲也让他考了辅仁。这时我该上大学了，父亲还是让我考辅仁，并且让我学教育。不让上公立大学，我明白，这是父亲的爱国思想、民族意识；不让我学我喜欢的数学，我也明白，我的一个叔父学数学钻研过力重病不治，让父亲很伤心；而要我学教育，我当时并不十分理解，只想是自己除了数学没什么特长吧。1945 年大学毕业，父亲愿意我做教育工作——做一名教师，我就一辈子忙忙碌碌勤勤恳恳在这条战线上干到五十九岁退休。我按照父亲指的道路，完成了学业和事业。

1930 年我和二姐随母亲从故乡来到北京，开始和父亲生活在一起，到 1960 年父亲去世，这中间虽有三十个年头，而自上中学起，我就和二姐有了一个单独的房间，1948 年结婚以后就不在家住了。结婚前那近二十年，每天除晚餐时和父亲在一起外，和父亲的接触并不多。父亲每日上课，偶或外出开会或访友，在家时终日在他的书房里，离不开书籍和笔、墨、纸、砚，每天上下午晚上三个单元都有他自己的工作安排。他的书房只有我小妹小时候时常走进去转个圈，东看看西看看，或者坐一会儿就出来，但她在那里什么话也不讲，我们姊妹几个都不进去打搅他，这好像是家里不成“规矩”的“规矩”了。父亲偶或从书房里走出来和我们姊妹说说闲话，和我母亲聊聊天儿，这是他为了休息休息脑子、活动活动筋骨，更好地再继续工作。他甚至出去散步或躺在床上休息时脑子里也在思考着他的教学、论文或创作。精力充沛的时候，有时也和我们姊妹讲讲他又孕育着一篇什么文章，或是一篇诗词、文稿又要“诞生”了。偶尔家里有客来访耽误了时间，没有完成工作计划，他还要想办法挤时间补上。而家里一切日常生活上的事情，母亲里里外外全部承担起来，父亲从不过问。所以父亲能将自己全部的时间、精神和力量用在事业上。

父亲在大学里承担着繁重的教学任务（每周至少十几节课），还要搞创作、做研究，他身体一直不好，去世又早，我们姊妹经常说，父亲哪里来的那么多时间做那么多事情啊？这只有用我父亲自己的话来回答。他不只一次地对我们说：“我在学术上事业上有些成就，一半是靠了你母亲，也可以说我这一辈子里，有一半的时间和力量是你母亲给我的。她把我的生活照顾得妥妥帖帖，又带大了你们姊妹几个，管理着这个家。若论她的聪明和才力，如果去念书，不会比我差。”母亲和父亲共同生活了近四十年，母亲在出嫁前，不过是个大家闺秀，读过两三年私塾；婚后在一个农村的大家庭里，长门长孙媳妇的身份，将两辈婆媳、两辈姑嫂上下左右几十口人的人际关系处理得比较得体，又做得一手好针线，能裁剪，善刺绣，受到一家上下的称赞虽也很不容易，但家务却不需她操持。1930年到北京后，要为父亲主持管理一家十多口人（当时四位叔叔在北京上学）的生活，照料我们姊妹；尤其是北平沦陷以后，物价飞涨，生活艰窘，父亲又经常生病，全靠母亲支撑应付过去。她为父亲考虑得周到至极，从不拿家里的生活琐事麻烦父亲，占用父亲一点时间。为了给父亲治病，她卖掉了从娘家带来的首饰。还记得一件极小的事：那时家里吃饭经常在桌上铺张报纸，父亲吃着饭有时就看看报，母亲发现后随即告诉我："以后饭桌上铺报纸要顺着你爸爸那边，他看时可以省力些！"这件小事现在看来，并不合乎卫生健康，但可以看出母亲不仅在家务上省去父亲许多时间，还在人们难以注意到的细节琐事上想办法为父亲增加更多的时间。我想母亲能管好这个家，有胆有识地处理家里的大小事情，这也是父亲给母亲创造了条件。父亲极少向母亲发脾气，更少埋怨什么事做得不对不好，经常说些鼓励"表扬"的话，我想生活上也还会有些"点拨"的吧。他对母亲也可说是"因人施教""因地施教"吧，启发她的主动性和能力。

父亲一生十分勤奋，他常说：我不是什么天才，全靠努力。他把全部的生命用在读书、研究、教学、写作上，即使他的书札也多是和朋友、学生探讨学术，或互赠诗词文稿，一封信有时就是一篇很好的文章。他常生病，病中也不肯休息，直到1960年初秋病重已不能起床，还让我帮他拿书看，还说想写些什么！我想，父亲是带着许多没来得及写出的腹稿走了。

关于我父亲生前事业上的成就，我因这方面知识浅薄，不敢妄说。但自1990年以来，蒙各位师长、学长为我父亲举行的几次纪念活动，以及会前会后我参与的一些活动，加上我又读了一些我能读懂的我父亲的著作，我受到了很大的启迪和教育，对父亲在事业上的认识也渐渐由粗浅而有些许加深。现在大家称我父亲是古典文学研究家、诗词曲作家、教育家、书法家、爱国学者，我认为他是当之无愧的，大家也是实事求是的。冯至老伯在为纪念我父亲逝世三十周年而写的《怀念羡季》中说："羡季多才多艺，写诗、填词、作曲，都创有新的境界；小说、信札，也独具风格；教学、研究、书法，无一不取得优越的成就……"可以说这是冯至先生对挚友的中肯评价吧！

前些年我对称父亲为教育家，思想上并不太明确，现在我逐渐明白了，他虽没有一篇关于教育的论文，但确是一位名副其实的教育家。他一生不离开教育岗位，不离开学生，为培养教育学生倾注了全部心血。父亲教学生从不教他们只死读书本上的知识，也从不用死知识和考试来压学生，对学生他是言传身教启发自觉。他教书育人，有很高的教学艺术，且寓教育于与学生的日常接触中、书信来往中，甚至评改习作这样琐屑的"事务"中。他与学生的关系诚挚、平等，从无所谓的"师道尊严"，他得到学生极高的尊崇与敬爱。他青年时代在山东的青州、青岛、济南及天津，以后二十多年在古都北京，晚年又回到天津，一生执教四十余年，真是桃李满天下。我的学长学友们，有的在他的启发下走上革命的道路，有一大批是青出于蓝而胜于蓝的专家学者，或是在各自的专业上有成就有建树的人才。大家深切地怀念他，继续着他的事业，发扬着他的精神。近年，有的学长以他晚年别号“驼庵”命名所设的奖学金，有的学长协助出版他的著作、影印出版他的书法作品，有的学长组织各种纪念活动、举办资料展览，更多的学长协助收集动乱中遗失的文稿，撰写回忆、纪念文章……这是何等真挚而崇高的师生情谊啊！如果父亲能再多活几年，他会为国家培养更多的人才，当然，他现在是间接地通过自己的学生为国家培养着第三代、第四代。

父亲忠诚于教育，却不是一个教育救国论者，但他对于教育关乎国家兴衰、关乎个人成就，却是早有先见。我想，他这种认识与当前中央提出的“科教兴国”“教育为本”是正相吻合的。我一辈子几十年在小学教育领域摸爬滚打，深深体会到教育的重要。现在我才明白了，这或许正是父亲让我学“教育”的深衷吧！

这篇小文拉拉杂杂一路写来已经差不多有四千字了，但是关于父亲和学生亲密的师生关系，我还要补叙一件具体的事。那是1947年初，他的学生们为老师五旬晋一的生日举办的祝贺会。那次会不仅有七八十位学长参加，应邀前来的还有父亲的两位好友——冯至、王冶秋二位先生。当时冯先生任教于北京大学，王先生的公开身份是国民党十一战区的少将，实际是共产党的地下工作人员，那天他是穿着一身军服前来的。我们全家也都参加了这次盛会。会场迎面墙壁上是大红洒金纸上用墨绿松枝扎成的“百寿”两个大篆字。学长们本来准备扎一个大“寿”字，征求我父亲的意见，父亲说：“今年我们老夫妇两人的年龄加起来正是一百岁，还是用‘百寿’两个字好。”这真是去陈腐出新意，更见出父亲对母亲的尊重和厚爱。会上欢声笑语、畅快融洽而无一点世俗气，那是一次晚辈对长辈的祝贺会，又是一次别开生面的师生学术交谈会。会前叶嘉莹学长撰写了贺词，会后全体在“百寿”大字前拍摄了大幅照片。这珍贵的照片在十年动乱中被看成是“反动”——因为王冶秋先生一身国民党高级将领服，是“四旧”——因为这是给“反动学术权威”祝寿，而被抄走毁掉了。拨乱反正以后为寻找这张照片，我们不知费了多少时间和精力，而结果仍是失望和遗憾。可惜那时没有现在的录像设备，不能把大会一个个精彩的瞬间、一段段深情的话语全部保留下来。

最后，我想用1990年父亲逝世三十周年到八达岭墓地祭奠他老人家时，给他老人家写的一封信中末尾的几句话来结束这篇不成文章的文章：

……爸爸，在我读书和选择事业的道路上，我们姊妹六人我是您最费心劳力的一个了，我长大后一直很内疚……您交给我的任务——学教育、一生从事教育工作、照顾母亲和妹妹，我都尽力做了。现在我退休已八年，继续为小学教育事业发挥着余热，尽力关心照顾三个妹妹和子女，并且教育着我的隔代人——您的第四代孙，您的第四代都是好孩子，正在健康地成长。爸爸您安息吧！

1999年9月

怀念父亲*

顾之燕

在我们六姊妹中我排行第四，三个姐姐比我大得多，当我出世的时候，家里已整整九年没有小婴儿了。可能是这个缘故吧，我的出生令父亲特别高兴，在我满月的时候，填了一首词——《鹧鸪天·燕女弥月为赋此词》：

一片生机未可当。试看东海浴朝阳。清眸点水澄潭影，笑靥生花散乳香。　　尘满面，鬓盈霜。生身谁不有爷娘。可怜往事思量遍，不记当初似汝长。

从这一点说姊妹六人中我是最幸运的了，三个姐姐、两个妹妹都没有获得我这样的“宠遇”与“殊荣”。但是不知道为什么，当我懂事以后父亲却始终没有向我说起过这首词；又由于我从小喜欢自然科学，从没有阅读过父亲的词集，直到1997年纪念父亲百年诞辰之时，熟悉父亲诗词的六妹之京对我说：“四姐，你真是命好，咱们姊妹六人中只有你一人得到了爸爸题赠的词。”这时我才知道有这么一首词，于是赶快让六妹把父亲的词集找出来，又让她给我讲述了其中的含义。而这时距父亲填词的当年，已是六

---

* 选自《顾随和他的世界》。

十五个年头过去了。我深深体味着词中父亲的慈爱与对我的期望，回顾自己走过的路程，父亲九泉有知，对我还不会太失望吧。

父亲工作很忙，课多，又要著书立说、作诗填词……，但一有空闲时间就给我们三个小姊妹读小说、讲《聊斋》，猜谜语等。他说《聊斋》中的狐狸都很善良，他讲这些目的是教我们做人。我想我在学习时和工作后能够做到助人为乐，在学术有了点成就后，能热心地帮助学生和一切求教于我的人，都与父亲的教导分不开。

父亲给我们说的谜语不是一般的那种用几句押韵的话做谜面，谜底打一物或一字的，大多是他自己设计的，只几句平常的话却是一个新奇别致的字谜。现在只记得这样一个了：一个字抽出中间一竖，把它团一团，搁在原来字的上面，又成为另一个字。他让我和两个妹妹想能有哪些字，我们一时想不出来，于是父亲举例启发我们。他举的例子是“军”（繁写“軍”），抽出中间的一竖，团一团放在上面就成了“宣”字。两个妹妹到底是年纪小三两岁，在父亲的提示下只有我想出了“平”字，抽出中间一竖，团一团放在上面就成了“立”字。当时只觉得这一类谜语新奇而有趣，长大后才明白父亲是在游戏中启发我们的思维，开发我们的智力，而这类字谜正是帮助我们弄清汉字的形体结构。我想我后来在小学三年级已能很熟练地使用四角号码字典，及至六十岁以后还能很快地学会、并熟练地运用五笔字型在电脑上写作，都与小时候父亲教导对汉字形体的分辨有直接关系。

大约在1942～1943年，我上小学五六年级，在学校学唱了一首歌曲：“……前门赶出狼，后门进来虎，谁能抑制满腔的愤怒？

往日的汉奸不顾国家，今日的汉奸出卖民族……”我学会后就在家里唱，父亲听了问是哪里学来的，我说是学校老师教的。由于当时日本帝国主义的高压政策，也由于我当时还是个不懂事的孩子，父亲当时没有对我说什么。没过几天，学校就不让再唱这首了。那时正是抗日战争最艰苦的时候，我很傻，当时并不知道这首歌是反对日本帝国主义的，可是父亲注意到了我们唱的歌。他随时随地关怀着我们的成长，他教育我们的方法不同于一般，说的不多，身教重于言教，时刻关心着我们的一举一动、一言一词，就连我们唱什么歌曲，他也在仔细地听。

我在小学三年级开始学习日语，由于第一次接触外国语，很感兴趣，学得也很认真，常受老师表扬，常对老师还没有讲到的课文进行预习，发现有些生字需要查字典，特别需要一个日文字典。这一年正赶上二姐大学毕业，工作后的第一个春节，她要送我们三个小妹礼品，征求我们意见，问我们喜欢什么？两个妹妹要什么东西我记不清了，我说请二姐给买个日文字典，父亲正好也在参加我们姊妹的谈话，当即表示不太同意，但随后马上说：“学习他们的文化还是可以的。”于是二姐给我买了一本袖珍日汉字典。我佩服父亲，他是个真正的爱国主义的学者和文豪。

1950年我中学毕业，考取了北京大学医学院（现名北京医科大学）医学系。父亲十分高兴，说咱们家有两个人上北京大学了（父亲是北京大学英文系毕业）。他送给我一支他用了多年的Parker金笔，这支笔书写特别流利，我如获至宝地用了一年多。一次给父亲买药步行在西单到西四之间丢失了，是因为把金笔放在列宁装上衣口袋中，步行中脱了列宁装，搭在前臂上，袋口朝下而不慎丢失的。走了不太远发现后，我在西单到西四的人行道上走了两个来回，并不时向路旁行人和摊贩询问，结果是失望的，天已快黑了下来，不能再找了，只好回家去，免得母亲和姐姐们惦念。此后的一段时间内我难过极了。三姐夫见状送给我一支Pilot金笔，虽然上课时有用的了，但父亲赠的宝贵礼品永远找不到了。

我大学毕业分配到天津医学院（现名天津医科大学）医院工作，当时父亲已在天津执教，我回家的机会多了，父亲一有空闲就和我聊天。内容是多方面的，多是给我读他的新作品。对我和五妹学医很是高兴，称我为“大大夫”，称在北京医学院（现名北京医科大学）工作的五妹为“小大夫”。父亲学识很广，也常谈到医学方面的问题。有一次读完了他的新作后，高兴地对我说：“我的成就中至少有一半是属于你娘的。”我母亲对父亲照顾的无微不至，使父亲就能全力投入到他的事业中。我也很佩服母亲，她是一位名副其实的贤妻良母，父亲的这句话是对母亲的贡献的最精辟的概括，这句话给我的印象太深刻了。类似的话前几年我又从恩师、工程院资深院士姜泗长教授的口中听到，那是姜师母病重时说给我的。以后我又将这句名言赠给了我的高徒——中山医科大学教授李源，他的夫人也像我母亲和姜师母一样地全力支持他的事业。

1999年5月

在父亲的勉励下成长*

顾之平

父亲从来没有板起面孔教训过我们姊妹，他总是在日常生活中很自然地对我们进行教育，扶植我们成长。

我从小长得比较高，听大人说，我有头脑又肯于努力，可能就因为这个，当我满五周岁时，父亲就把我送进小学一年级读书。小学中学，在班里我个子不矮，但年龄最小，不过学习成绩总是列于前茅。初中毕业前（1947 年），同学们都准备了纪念册，请老师和同学留言。我也准备了一本，第一个是先请父亲写几句话。父亲在纪念册的首页给我题写了“天行健，君子以自强不息”十个字。当时父亲并没有告诉我他为什么要题这十个字，可是我理解“君子以自强不息”的深义，从此我以“天行健，君子以自强不息”作为我的座右铭。如果说我此前的勤奋、努力、要强，大多是出于“天性”的话，此后我就是自觉的了。学习、工作、处事，尽量按照科学规律，做到一丝不苟，不敢有分毫的懈怠。如果说我在学业、事业上还取得了一些成绩的话，那是父亲的题词始终激励着我，我受益无穷。近年，妹妹之京整理收集到的父亲生前的书札，她告诉我，父亲在 1952 年写给我们的卢四叔——父亲生前情同手足的挚友——的信中说，在我和我四姐、六妹“三

* 选自《顾随和他的世界》。

人之中”，我的“天资似不及二人，而明快爽朗，做事有干才有热心，又较胜二人也”。我想，父亲正是对我基于这样的了解，当年才给我题写“天行健，君子以自强不息”十个字的吧？

我考大学的时候，父亲支持我学医。当我进入医学院学习时，父亲调到天津去工作了。他一次信中说：“想到家里出了两个大夫（四姐之燕也学医），觉得颇新鲜，同时也非常之高兴。不能个个都是教书匠啊！……你们是得改换改换职业了。”读着父亲这亲切幽默的话语，感受到父亲对女儿的爱护和期望，我怎么能不学好专业、做个好医生呢？

大学三年级的时候期末考试，头一门“放射”考了个“四”分，心里好懊丧，忍不住给父亲写了信。很快收到父亲的回信，他说：“‘放射’考了‘四分’，并不坏呀！干么非得五分不可呢？要知道在考试的时候，谁也有个‘神儿在，神儿不在’呀。况且四分和五分只差一个等级，有了四分就不愁五分。”父亲还特地在“神儿在，神儿不在”一句后加了个小注：“这一句北京谚语的意思，用了辩证唯物论的逻辑来说，就是‘偶然性’影响了‘必然性’。”读着父亲的信，懊丧的心情渐渐缓解了，并不是因为父亲说四分“不坏”，而是他说的“偶然性”与“必然性”的道理，给了我启发。

大学快毕业的时候，我给父亲写信说：“有时觉得奇怪，也很高兴，怎么一下就都要大学毕业了，真的成了大人吗？”我又在信上问父亲：“是不是也有这种感觉？”父亲回信说我“说得很有个意思儿，问得也有趣”，他还说“爸爸也恰恰如此感觉”，接下来他就说：“旧社会、旧家庭，做父母的愿意他们的子女永远在自己手底下，而且永远是小孩子：这当然是一种错误的想头。……现在很愿意你们长大起来，为人民、为国家做出一番事业来。在人民的队伍中，做一个‘生力军’是光荣的；那么，这‘生力军’的父母自然也是光荣的了：因为他和她将自己的孩子贡献给人民、给国家了。长大起来吧，成为大人吧，好孩子！（虽然“小”也是可爱的。）”初中毕业时，父亲给了我十个字的“题词”，我受益一生；大学毕业时，父亲给了我这一大段“家常话”，我把它看作即将走向生活时给我的“赠言”，我一直记着父亲这亲切的话语里包含的教导，始终要求自己，要为人民、为国家努力做出一番事业。

父亲去世已近四十年，父亲的题词已无处寻觅，父亲的信虽经浩劫竟保存了下来。捧读这珍贵的信札仿佛父亲就在我身边。

1999 年 9 月于大洋彼岸之底特律

回忆和外祖父在一起的时光*

孙经武　孙绳武　孙念武

在外祖父的孙儿孙女中，我们三个年龄稍大，在童年少年时期有过和他老人家在一起的时光。

我们的名字都是外祖父起的。在孙家，我们这一辈，男孩的名字是“×武”，女孩的名字是“怀×”。老大出世时，外祖父依《左传》“武之善经也”起名“经武”，兼取“经”字义理、原则之义，希望他一生不违真理、原则；老二出世时，外祖父依《诗经·大雅》“绳其祖武”起名“绳武”，兼取“绳”字准绳、准则之义，希望他立身行事都有准则；老三是女孩，老爷一向对男孩女孩同样看待，所以不让她依小名“芸芸”名“怀芸”，而依《诗经·周颂》“念兹戎功，继序其皇之”起名为“念武”，希望她继承并发扬前人的美德。在我们的名字里，寄寓了外祖父对我们多大的期望呀！

在我们儿时的记忆里，外祖父的形象不像“学者”，也不像“长辈”。说不像“学者”，因为他老人家终日伏案耕耘，倒像一个循规蹈矩、勤奋向上的“学生”；说不像“长辈”，是因为他从不摆出长者的“威严”和“权威”，至今在我们的记忆中，连他老人家高声说话的样子都没有。一想起他老人家，眼前浮现出最鲜明

* 选自《顾随和他的世界》，略有删节。

的影像是：一位头发花白、精神矍铄的老者，面目清瘦，鼻上架着一副近视镜，镜后是一双睿智而深邃的眼睛，当它注视你时，你会马上服从它的召唤；当它对你微笑时，你浑身会沐浴在慈祥和爱怜的阳光下；当它对你诉说时，你的渴望由于得以实现，会忘掉周边的一切。

少时最高兴的事儿，是到姥姥家。在外祖父慈爱的目光关注下，在温馨的环境中，我们会得到最大的满足。也许是由于性格和长相的缘故，绳武似乎得到了老人家某种“偏爱”。童年时，每当姥姥一下一下地按着绳武的小脑袋，绳武便会随着节奏伸舌头，做鬼脸。姨姨们指着绳武的头问：“What is tihs?”绳武会无知地回答：“It is egg。”做这种家庭调侃时，一边的外祖父总会喜笑颜开。因为绳武爱听相声，老人在听新闻后遇有相声时，总忘不了喊绳武；由于绳武的执着，外祖父送给绳武一只梦寐以求的足球；三年困难时期，因贪吃，绳武会将桌面上一切吃得“风卷残云”，老人家笑送绳武“净坛使者”的“美誉”。

那是妈妈携我们进京看望病中的外祖父，一天上午，在院子里玩耍的绳武，看见妈妈托着一小盘水灵灵的水萝卜快步向外祖父的房间走去，眼前一亮，不由自主悄声跟了进去，可怜巴巴地望着几个水萝卜发呆。“先给孩子吃”，外祖父病弱的声音飘进了耳朵，他已仰坐在病榻上。妈妈扔过来愠怒的眼色，再看外祖父，慈祥的目光充满爱意，无奈的妈妈只好拿给绳武一个。当时美滋滋的绳武得意极了，而今天想起来内心却有一种酸楚。

至今让我辈感到欣慰和奇怪的是，老人家从来没有对我们有过什么正面的说教，更没有什么耳提面命之举。在他面前，我们的感觉是精神的欢娱，心灵的腾空。作为教育家的他，对家庭教育到底提倡什么，持有什么观点呢？好象没有现成的答案，而他是用他的人格魅力深刻影响着我们的人生。

少时我们认为最神圣的地方，是外祖父的书屋。房间不大，四壁全是书架，里面塞满了古今中外的书籍，有的一直堆到房顶。还有不少书刊、报纸整齐地码放在书架前的地板上。窗前竖排着一张硕大的书桌，上面的笔墨纸砚始终处于备用状态。背光的墙角安放着一张硬板床，铺放着简朴的被褥。进入这种氛围之中，最淘气的孩子也会乖巧的。平时，外祖父是轻易不会离开书房的，也轻易不会允许我们进入。因而，对我们来说，最大的荣誉就是能进入他的书房。在我们三人中经武有在书房里和外祖父“探讨”他的笔名的“光荣历史”；绳武得到过在书房为外祖父磨墨的“殊荣”。经武在书上看到外祖父的笔名叫“苦水”，曾向母亲发问，母亲叫他直接去问外祖父。一天去姥姥家，外祖父正巧没有读书写作，经武才走进书房里，悄声地问：“姥爷，您的笔名为什么叫‘苦水’呢？”大约是母亲已经把经武的问题转告给外祖父了，外祖父笑着反问：“你说呢？”经武信口开河地回答说：“您身体不好，经常生病，生病就得吃药，您吃了许许多多的药，药是苦的，您肚子里有好多苦水，所以干脆您起个笔名叫‘苦水’吧！”外祖父听后哈哈大笑，说：“对！对！你说得对！”经武心里很得意，又顺手从书桌上拿起一本书，翻开扉页指着上面外祖父亲自写的“述不作堂藏书”问外祖父：“为什么您的堂号是‘述不作堂’？”外祖父仍然笑着反问：“你说呢？”经武想了一想，又说：“您是教授，只给学生讲课，自己不做别的事，所以叫‘述不作堂’。”外祖父听了笑着说："就算对吧！"经武以为这回是没有答好，起码是不完全对，"述不作堂"这个疑问一直存在经武心里。直到好多年后，我们长大了才明白什么是"述而不作"，而外祖父的笔名也不是因为吃药太多的缘故。绳武感到能在书房为外祖父磨墨，是外祖父对自己的奖赏，遗憾的是得此奖赏机会寥寥，两三次而已。那时绳武一边轻轻在砚台中转动印有金字的古墨，小心翼翼地不让墨汁溅出来，一边又偷眼看着凝神贯注的外祖父，那种感受是不可名状的，近乎于一种圣洁、一种神秘、一种庄严、一种长大了的感觉。

稍大些时，即使来客，如果是我们只有一个人在书房里也不被"驱逐"了。我们呆坐在小板凳上，望着年老的或年青的客人向老人家讨教什么，听着似懂非懂的话题。现在还朦胧记得有宋词、毛主席诗词和《红楼梦》等方面的内容。前者和当时姥爷在报纸、电台开办的系列讲座有关。印象最深刻的是那种交谈的气氛，请教者自然是虔诚和认真的，回答者更虔诚、更认真，似乎回答中有许多与问题无关的话，但我们知道那都是高深的学问。绳武在南开中学读高二时，去看望过教语文的夏玉泉老师。夏老师是姥爷的学生，他指着家中外祖父送的"学无止境"的条幅，回忆起大学时代登门请教、索字的情景。他深情地说："老先生学富五车，才高八斗，可对弟子却非常谦和，诲人不倦，怜爱有加。拜会过老人家之后，我才领悟到'与君一席话，胜读十年书'的意境。"

童年时期，外祖父从来没有向我们推荐过他的藏书。直到经武、绳武升初中后，刚大学毕业的四姨买了大量的苏联文学作品送他，老人家才高兴地指着一摞新书，用征询的口吻说："想读读吗?"于是，我们阅读了大量的此类书籍，有《青年近卫军》《被开垦的处女地》《战争与和平》《马雅可夫斯基诗集》等。外祖父喜欢散步，只要出去散步，必定去书店买书。有一次念武在姥姥家，外祖父从外面回来，手里拿着一本书对念武说："芸芸，这是送给你的生日礼物。"念武高兴地接过来。那是一本儿童读物，书名是"维他命"，书的全部内容念武现在已记不全了，只记得那是一本讲各种维生素对人体的重要性和缺乏维生素就会得一些病的书。这是念武第一次接触医学知识，它唤起了念武对医学知识的渴求；也就是从那时起，念武决定将来一定要当一名医生，为人们的健康作贡献，以后念武就真的走上了从医之路。

少时陪老人家清晨散步是最惬意不过的了。在清晨的阳光里，他迈着稳健的步子，缓缓走去。你可以牵着他温软的手，也可以离他而去，尽情地奔跑、嬉戏。此间，他会给你讲一些有关大自然的知识。记得有一年秋天，我们漫步走到河北大学校园足球场边，在球门后面的草地上，绳武发现了长得像俗称"死不了"花的植物，连声叫嚷"死不了"。外祖父微微摇头，订正说："它叶像马齿，叫马齿苋，俗名长寿菜，旧时是度灾充饥的。"接着还讲了不少有关野生植物方面的知识。后来不久，外祖父在当时的《新港》杂志上，发表过一篇关于马齿苋的杂文。这是否源于我们的无知，就不得而知了。在三年困难时期，马齿苋的食用价值起了大作用。我们到市郊的大地里，成袋地采集。回家后，妈妈合上玉米面给我们烙饼，心里想着外祖父说的"长寿菜"，"度灾充饥"的话，吃到嘴里香甜极了。

在我辈中值得炫耀的是，绳武是唯一受过老人家文字指点的晚辈。记得一次到姥姥家，楼前正在铺路，工人师傅在筛石子，老人家指着小石子对绳武说，试试写首小诗。绳武费了很大的劲，凑了四句话，充其量叫顺口溜——快乐小石子，声声颂春光，注入路基中，承载大卡车。再见到外祖父时，绳武不无得意地呈给了他。外祖父看后笑而颔首，连说行。接着启发绳武："石子的歌唱是蹦跳中发出的，'快乐'改成'跳跳'，就和'声声'对应了。用'铸'比'注'更有分量。你再想想，路基上面是什么？"绳武回答："是路面。"他说："对，是大道、是康庄大道，它还没直接'承载大卡车'呢！"绳武兴奋极了，大声说："改成'肩起康庄道'！"于是，绳武在外祖父的启发指导下，完成了生平第一首诗——《石子歌》："跳跳小石子，声声颂春光，铸入路基中，肩起康庄道。"这件事激发了绳武对文学的浓厚兴趣，以至后来在高中时的作文大都被用作范文，并参加了天津南开中学文学团体"朝华社"。多年后，绳武回忆起这珍贵的一幕，感到自己行文、说话多少能注意用词的准确和符合逻辑，正是源于外祖父的教诲。更重要的是他老人家以"小石子"命题，有着更深的寓意，他希望我辈扎扎实实地做人，不图虚名，不求显赫，发扬"小石子"的默默奉献精神。

外祖父身体孱弱，晚年更是如此，但他的心态始终是豁达、乐观的。一天，在书房，外祖父手举报纸兴奋地对妈妈说："不用戴眼镜了，看得清清楚楚！"妈妈不无抑郁地回答："近视眼到老年都这样，您老上岁数了……"接着，又连忙补充："您不用戴花镜了！"语调的欢快显然是装出来的。老人家听后，哈哈一笑：

“不管怎么说，省去了不少麻烦!”在旁边的我们，内心泛起涟漪，第一次认真考虑多病老人的晚年，不禁黯然。再看外祖父，他已经若无其事专心读起报来了。

老人家爱读报，绳武总觉得在看报这件事上，自己做了愧对老人家、可又不得不如此的事。小时候我们就知道二姨全家到了台湾，外祖父、姨姨们曾通过对台广播热情地呼唤过她们。一日绳武去姥姥家，感到家里气氛突然紧张起来，姥姥老泪纵横，妈妈强忍哀伤、神情沮丧地劝说姥姥注意身体。原来是报纸报道了二姨在台湾因病去世、二姨夫全家自杀的消息。妈妈神情严肃地向绳武交待：“姥爷要找昨天的报纸，你什么也不许说!”十二岁的绳武，对此虽然有些懵懵懂懂，但妈妈对我们说过，外祖父最牵挂的是境外的二姨，便默然点头应允。果不其然，外祖父走了过来，嘴里念叨着：“昨天的报纸呢?”他瞅了绳武一眼，绳武愣愣地摇了摇头。这张报纸是1957年4月12日的《人民日报》。据该报报导，当时九岁的表弟难后幸存，但到现在也不知他人在何方。而至今更让我们萦怀心头不能平静的是，二姨全家罹难的悲剧，外祖父竟是早就知道了，但始终没有跟家人们说开。那是外祖父谢世多年以后，他的一位白头弟子偶遇六姨，向她询问我这位表弟的信息，六姨问起他是怎样知道二姨家的不幸，他的回答是多年前老先生亲口对他讲的。此时六姨如梦初醒，唏嘘不已。亲人们对他老人家的爱被他老人家博大而深沉的爱所包容。据姨姨们分析，每日必读报的外祖父，不可能错过那一天的《人民日报》，或是在报廊，或是在办公室，敬爱的外祖父定反复地读过那条新闻，当时是以怎样的毅力压制着白发人送黑发人的巨大悲恸走回家的？显然，老人家对那一天的报纸不翼而飞的原由心知肚明，出于对亲人们的理解，老人家自己担荷着这巨大的苦痛，不愿再给亲人们增加一份对自己的牵念。联想起妈妈和三姨讲述的，解放前外祖父以多病之躯培养他们六个姐妹并资助老家亲属的种种艰辛，“自我牺牲”“博大”“包容”能概括他老人家的精神和心胸吗？

可亲、可敬的外祖父1960年9月6日谢世，只有经武见到了弥留之际的外祖父。那时妈妈正在姥姥家，帮助姥姥照顾外祖父。经武因要把即将下乡劳动的事告诉妈妈才到姥姥家去。妈妈知道经武下乡要去二十多天，沉思了一下说：“过来，看看你姥爷吧！”外祖父生病后一直住在书房里，我们小辈人即便是到了姥姥家也不准去打扰外祖父养病，所以我们很长时间没见过外祖父了。妈妈这时嘱咐经武，进去时轻一点，不要讲话。经武跟妈妈穿过走廊进了书房，房间里原来放小床的地方用一架鸭青色的屏风围了起来，房间里静悄悄地一点声息也没有。妈妈领着经武转过屏风，经武向小床上望去，立刻惊呆了，外祖父本来清癯的面孔更瘦削了，眼帘两颊深深地陷了下去，两眼微闭着不知是睡着了还是昏迷着。经武惊讶地望着妈妈，妈妈什么也没说，只是做了一个出去的手势，经武忍住哭声随着妈妈轻轻退出书房。这竟是经武代表我们小辈人向老人家作的最后道别。

现今我们都是六十岁上下的人了，随着阅历的增加，对老人家的怀念之情弥深。仅以上面浅薄的文字寄托我们对外祖父的思念。

我的外祖父*

曹宪

外祖父驾鹤西去的时候，我的年龄尚小，只有七岁，偏偏我又生而愚钝，记事颇晚，对于小时候的事情，我的记忆总是若明若暗、虚无缥缈、扑朔迷离。

小时候我对外祖父的印象与当时其他长辈们所营造的气氛完全不同。那时，我家住在北京，外祖父住在天津马场道，平时难得见到。只有母亲利用寒暑假带我到天津，才有数地见到过外祖父几次面。每次到外祖父家，母亲、外祖母和小姨都要事先和我约法数章，诸如不许进外祖父的书房，不许在书房外跑跳，不许大喊大叫等等。说是如若不然，外祖父会大发脾气，俨然书房里是一位高高在上神圣不可侵犯的大人物。（后来我才知道，那时外祖父常年抱病，著书治学又十分繁忙。）

然而小孩终究是小孩，越不让做的事儿就越引起强烈的好奇心。于是我就常常乘她们不注意时，悄悄钻进那间神奇的书房。一排高高的书橱，里面摆满了各种颜色的书；一对高背宽扶手的旧西式沙发和我们家的硬木雕花椅子截然不同；窗台上一尊黑铁铸造的武士神采飞扬；宽大的书桌上满是纸墨笔砚和厚厚的书籍。书桌后端坐一位平和慈祥的老人，或是奋笔疾书或是埋头阅读，

---

* 选自《顾随和他的世界》。

完全没有母亲她们说的那种火暴雷霆的迹象。

尽管我是蹑足潜踪，往往还是很快被外祖父发现。他放下书和笔，招招手示意我来到跟前，他的书桌上绝对没有糖果、巧克力之类我感兴趣的物件，于是就拉着我的手，给我讲他写的那些我那时看来是曲里拐弯的毛笔字。也有的时候，他叫我过去，却拿起毛笔，在一块不方不圆的砚台上沾些浓墨，向我那本来就不干净的脸上比画着，说是要画上他那样的胡子，吓得我转身逃之不及。

一天，外祖父的情绪格外好，他拿出一副不太考究的中国象棋，问我："你会下象棋吗？"我大言不惭地说："会！"于是，他就和我对面坐下，一招一式地下起棋来。其实，当时我连象棋子上的字还认不很全，只知道架起隔山炮，不管他那边是马是兵，见到了就开火，或者就是驱动长车横冲直闯。外祖父也不和我计较，不慌不忙地排兵布阵。只是当我的马隔着卒子踩到他的车时，他才较起真儿来："你的马是从哪儿跳出来的？""就是这儿。""不行，不能那样走。"我认真地说："象飞田，马走日，怎么不能走？""你那个卒子蹩着马腿呢。""我的卒子只蹩着一边，这日字不是还有一边吗？我从这边过来的。"外祖父略一迟疑，终于明白了我的"韬略"，说："下棋的马是有规矩的。它可不像你，有个空子就尥着蹶子瞎蹦跶！"说罢，拂髯哈哈大笑。后来，听外祖母说，那时外祖父的病已经很重，好长时间没有这么高兴了。时光荏苒，转眼四十年过去了，我始终没有弄清马为什么不能蹩着腿走，而且一直也没能学好下象棋。

对于外祖父的真正了解，还是起自1990年他的学生们为他举办的三十周年忌辰活动。近百位年逾花甲的老人，最长者已经八十五岁高龄，有的还专程从外埠赶来，他们聚集在一起，只是为了纪念他们已经谢世三十年的老师。如果与老师没有特殊的情缘，如果老师没有高尚的魅力，这个活动是不可想象也不可能完成的。纪念活动中许多老先生热泪盈眶慷慨陈词，此情此景给予我极其强烈的震撼。从那以后，我才开始认真拜读外祖父的诗文词赋，并且努力在身边和社会上寻找那些和他相关的轶物。只可惜 60 年代的一场“革命”，外祖父家和我家都遭到严重的破坏，浩劫之后家徒四壁，现在要寻找旧日的痕迹真如海底捞针。

然而也有劫外余灰，家父当时曾从自家被破的“四旧”残渣中，拾得一块青田旧石，上面是他过去篆刻的草书印文“河北老夯”，他不动声色悄悄地将它收藏起来。家父曹桓武是外公在辅仁大学执教时的学生，年轻时即擅长金石篆刻，他的印作颇受外祖父的嘉许。这方印章就是家父为外祖父所治，“河北老夯”是外祖父晚年准备使用的笔名或别号。但是，印好后还没有来得及送给外祖父，他老人家就去世了，所以这方印章就一直珍藏在我家。后来大约是 1983 年，家父见我也喜欢篆刻，就把这方仅存的印章送给了我。

1997 年，辅仁大学校友会等单位在北京师范大学举办“顾随先生百年诞辰展览”，可惜家父此时也已经谢世七年了。于是，我就把这方印章的来历以边款的形式，镌刻在印石的侧面，并且把印蜕和原作一起作为一件特殊的作品展出。许多老先生仔细地看着这方联系着我们一家三世的篆刻作品，颇为感慨。一方普通的青田石，自己家人信手刻来，当时可能完全是不经意之作。然而几十年下来，斗转星移，世态变迁，现在却显得弥足珍贵。

在那个展览期间，外祖父的许多学生、家父的同学老友为了奖掖后人，对于我为纪念外祖父所作的篆刻习作加以首肯，甚至说是“箕裘克绍”，“家风不泯”，听到这些话，我真的感到十分汗颜。想我虽然早已过了不惑之年，但学识功业不及先人之万一，所幸者也进入教书人的行列。有时我也将自己所了解的所感悟的外祖父与他的学生之间的师友之情，讲给我的学生和朋友们听，只是真心地期望那种千金不易的师德学风能够在中国的教坛上学苑中得以永存。

1999 年 10 月 10 日

苦水冰花

——羡季外公印章漫谈

曹宪

我在少年时期做完一天的功课，一度最喜欢做两件事，一是每周两次到北海公园的少年科技馆，亲手制作精美逼真的舰船模型；二是等学习小组的同学离去，找祖母要了钥匙，钻进自家的古董堆房，一件件摆弄那些奇形怪状落满尘埃的玩意儿。估计家君快下班了，就赶紧放好东西跑出来锁上门。后来想想您大概对此早就心知肚明，只是不说破罢了。有时您没课在家，自己也会拿出一两件品玩，高兴了还会对我津津乐道些来龙去脉和奇闻轶事。有一天，我突然问："姥爷家怎么没见这些好玩意儿？"那时觉得外公顾羡季是长辈，学问大，住小洋楼，自然家里会有更多好玩的东西。家君低头认真摆弄那个海碗大小的"宣德炉"，不假思索就幽幽地回了两个字："没钱。"似乎知道我迟早会有此一问。

通过后来老辈人的讲述，我逐渐知道外公诗书为业劳碌奔波，虽也自嘲为五斗米折腰，但是一生多数时候清苦拮据捉襟见肘。在我的记忆里，外公家除了一排排高低不同的书橱书架，最好玩儿的不过是窗台上一尊尺余高的青铜武士，铸造精美，栩栩如生。然而，在近些年的阅读与缅怀中，却发现了一宗外公除诗书笔砚之外的雅好挚爱，竟是伴随老人清苦一生的几十枚精美珍贵的自用印章（这数量是仅我手头有限资料汇集的）。这些看似寻常的小物件或许给老人在困苦艰辛中以些许快慰，而主人对于这些温润晶莹的印章也是倍加呵护，密不示人。可惜，斗转星移几经罹难，这些集学术、文物和艺术价值于一身的宝物，今天已经荡然无存。我们只能在仅存的书籍文稿等文献中，发现它们或暗淡或殷红的印蜕，可遥想当年瑰丽的风采；也许在人头攒动号牌频举的拍卖场里，还能看到少许飘渺的踪影。

羡季外公关于自用印章的最早记述，可见 1929 年 12 月 20 日给挚友卢伯屏的信，“燕大定廿五、廿六放两日假，美其名曰学校纪念，实则为洋老爷们过圣诞节计耳。我却管不了许多，只图得两日闲暇，省掉四小时力气而已。届时并拟将所刻图章取出，看看是否可‘取’”。此章为何已经无从考证，描述更为清晰的是转年 1930 年 2 月 13 日信：“弟在琉璃厂西门内同古堂所刻之图章二方，一为‘葛思’，一为‘苦水’，价六元八毛，祈兄取来为祷。往时或当持弟片去也。弟拟休息，日内殊不欲进城。”同古堂老板即擅长刻铜的篆刻家张樾承，此老设计了最初的“中华人民共和国中央人民政府之印”大铜印玺，开创了宋体字现代公章之先河。

是年，公 34 岁，虽已登燕京大学执教，然初到平城，百事待举，又值蒋冯阎大战正酣，手头自是紧张。其间使用的乾元亨小字毛笔仅一毛钱一支；信中尝有“来时请再带几块钱来。阮囊羞涩，殆将不堪矣”句。甚至为节约用度推迟取暖，“煤与片柴都已备妥，尚未生火。拟俟兄来再生，不知能耐得到否”。即便在这样拮据的生活中，仍要以六元八毛去刻两枚印章，可见其对心爱之物的推崇和任性。由于年代久远，这是怎样两枚印章及出自何人之手已不得而知，然两个字号的由来，赵兄林涛先生文《顾随名号考》已有详细论述。唯窃思量羡季公使用一生的“苦水”号可能比之登燕更早些。因1915年，羡季公十九岁进入天津北洋大学英语系预科专攻英语，两年后转回北京大学英语系，此间应有“KUSUI”英文名字，音近之“苦水”或已有之。未见文献，揣度而已。

有意思的是在得此二印不久，好友冯涧漪也欲求印章。1930年3月14日与卢伯屏信云：“‘水间奇犬’（冯涧漪之绰号）先生要求我刻一方圆章送伊。下次进城，当照办。”可见当时的青年文人才俊，对印章这个中国独有的艺术形式皆有钟爱，难怪民国期间印坛名家高手群雄并起，一时蔚为大观。

羡季公对印章的关注，常在一些极细微处。20年代末，老师周作人痛失爱女，1929年12月3日公在给卢伯屏的信中书：“到寓后，又得启明书一通，笺上印朱色阳文印章曰‘若子纪念’。信用文言，系答复弟上次吊唁之信。”再如后来，1946年5月22日函，为辅仁女弟子叶嘉莹小说《水边的话》，推荐到《新生报》登载，督促领取稿费，并专嘱“署名系用迦陵，或者须刻一木质小章乎?”谆谆善诱，诲人不倦，拳拳之心可鉴。不知嘉莹教授当时是否遵师嘱刻了这枚经济实用的木质小章。若干年后，为答谢先生给我的印评，我的确刻了一枚“迦陵”阳文铁线小印，托家慈带给嘉莹教授，此是后话不提。

羡季外公的自用印章大致有两个来源，其一是20世纪中期印坛名家所治，另外大部分则是多年中自己身边的亲友刊赠。1938年，日寇铁蹄践踏华北大地，外公的师友弟子纷纷离校南迁，其因家庭之累不得不滞留于沦陷的北平。精神压抑，心情苦闷，何以解忧，唯有诗词。此间，《霰集词》《濡露词》《和香奁词》《倦驼庵诗稿》等一大批惊世之作喷薄而出。同时，为寄情怀，您还请当时的诸位篆刻名家刻制了一批自用印章，有的铭志，有的抒怀，更主要的是用以抚慰自己重创的心灵。

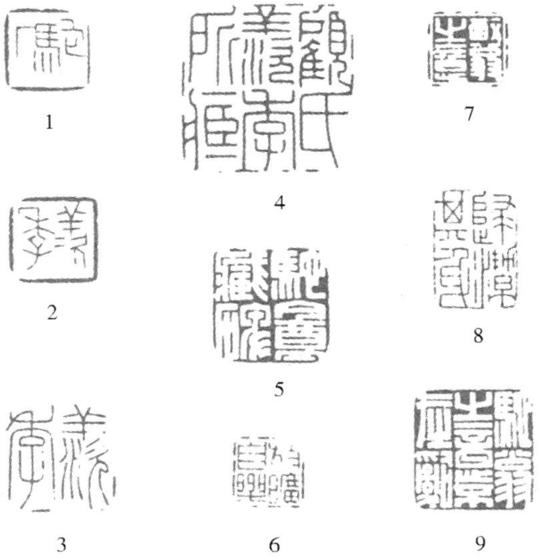

赵叔孺刻顾随自用印章

这些自用印章目前尚可考的，有赵时棡在上海所刻的字号双面印“羡季”和“驼庵”，侧有短款“叔孺”。字号印“羡季”和“信天翁”，款“戊寅叔孺”。收藏印“顾氏羡季所藏”，款“戊寅九月，拟宋元朱文为驼庵法家刻于沪上，叔孺”，以及“驼庵藏碑”，款“叔孺仿汉铸为驼庵法家刻”。闲章“放旷自娱”，短款“叔孺”；“归洁其身”款“叔儒为驼庵刻”；“醉翁之意”款“叔孺为驼庵法家刻。戊寅九月”；“驼翁之意不在辞”，款“叔孺。戊寅九月”。凡九章十印。

赵时棡字叔孺，晚年号二弩老人。清末诸生，曾任福建同知，民国后居上海。金石书法、花卉草虫、鞍马翎毛无不精妙，有“近世孟頫”之称，篆刻与吴昌硕齐名，并黄士陵、齐白石、王福庵开创民国印坛五大流派。

这几方印章，我最服膺“信天翁”一印，细朱文铁线篆结合晋砖形制，舒朗俊俏，不温不火，大气磅礴。虽然没有发现羡季公以“信天翁”为笔名的作品，但是遥想当年，公居斗室，摩挲把玩这枚晶莹润秀的寿山芙蓉石，憧憬信天翁临风浴海直上云天，定能让郁结的心情得到片刻的舒解。

赵叔孺刻“信天翁”印

“醉翁之意”和“驼翁之意不在辞”更是直抒胸意。宋代文人欧阳修有“醉翁之意不在酒，在乎山水之间也”，那么“驼翁之意不在辞”又在哪里呢？您在乎于苦难深重的家国，在乎于倒悬水火的亲友和百姓。此情正如诗中所呼“孤城悬绝地，百感搅中肠。托铲悲工部，挥戈泣鲁阳”（《夜饮》）；正如词中所唤“撑天十丈双华表，可是无人化鹤归”（《鹧鸪天》）。

略早些时候，王福庵先生为外公刻了数枚印章。王福庵名禔，幼承家学，于文字、训诂、诗文皆富修养。青年时即与叶为铭、丁辅之、吴石潜等结西泠印社。曾任铸印局技正，时全国官印悉由该局篆铸。其印风宗浙益皖上究秦汉，尤精细朱文，同道罕与匹敌。

羡季公深谙其妙，故请其篆刻的亦多为文雅学术之印。如“驼庵审定”，款“乙亥冬月，福庵治印”。闲章“诗中有画”，款“乙亥冬福厂治印”；“领略古法”，款“乙亥冬福庵为羡季先生”。寿山石连江黄“春愁如雪”，款“羡季先生法家属刻，戊寅正月福庵治印”，以及“自嫌野性共人疏”，款“福庵为羡季先生作。戊寅正月”等。

其中最显福庵先生功力的当属闲文小印“春愁如雪”，虽然只有一点一厘米宽、二点七厘米长，全印高也只有六点二厘米，但是被先生经营得安稳舒畅，长长短短细微如毛发的元朱文横线条，真像片片飞雪，飘飘洒洒布满早春天地。印文出自大画家倪云林的《竹枝词》，“春愁如雪不能消，又见清明卖柳条。伤心玉照堂前月，空照钱塘夜夜潮”。云林名瓒，元末明初画家兼诗人，除了艺术成就名列黄王倪吴四大家，其突出特点是：有洁癖、不爱财、不通匪、不阿权。精通古今诗词的羡季公选这首生僻诗句为印文，恐怕正是要以诗人的“一有三不”警示自己，洁身自好，绝不与敌伪相苟合。正如《濡露词》中那首《鹧鸪天》所云：“谁识先生老更狂。病来犹自事篇章。羁身北地非吾土，稽首金天向法王。”

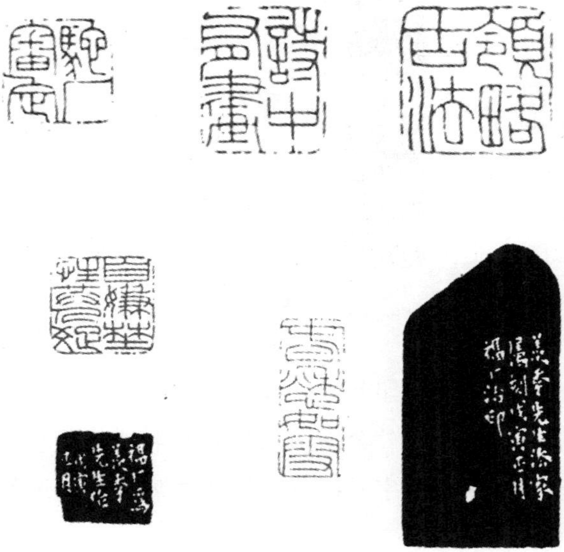

王福庵先生刻顾随自用印章

现在知道高野侯的人已经不多了。此公名时显，清末举人，因收藏有王冕《梅花图卷》号梅王阁主，以书隶、画梅、治印著名。羡季公请其为治“欲寡过而未能”，款“驼庵方家教正。戊寅九月，野侯”。语出自《论语·宪问》，原文为：“蘧伯玉使人于孔子，孔子与之坐而问焉，曰：‘夫子何为？’对曰：‘夫子欲寡其过而未能也。’使者出。子曰：‘使乎！使乎！’”何事使孔老夫子这样欣喜若狂？原来蘧伯玉这仁人君子，正在为减少错误而闭门思

高野侯先生刻“欲寡过而未能”

过，但是还认为自己没有做到家。这是何等高尚的思想境界啊！

寿玺字石工，号印丐，是北平印界名宿。其父为鲁迅先生在绍兴“三味书屋”读书发蒙时的老师寿镜吾。寿石工早年追随革命，为同盟会会员，后与陈师曾等创立北京美术专科学校，即中央美术学院之前身。先生的诗词、书法、篆刻均自成风格，名声斐然。羡季公得寿玺印若干，可以考据的有三点三厘米见方的“顾随印信”，这应该是外公书写大幅作品时所用印鉴。还有“羡季”和“驼庵顾氏”等字号印章。这些篆刻作品的边款都为二字短款“印丐”。

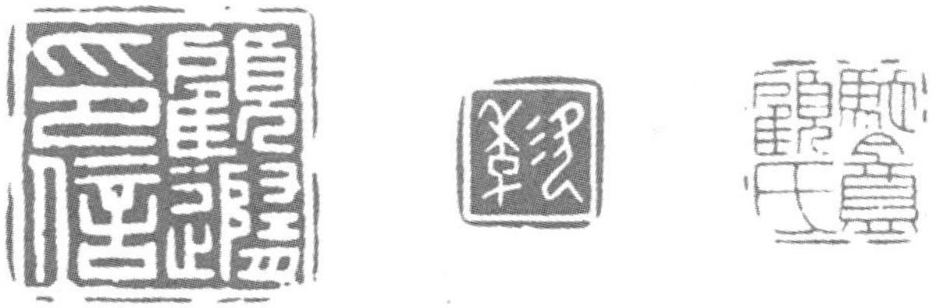

寿石工先生刻顾随自用印

在这些名家篆刻的顾随自用印章中，最耐人寻味的当属下面两方。其一仍是石工夫子所制的寿山石冰裂纹平头小印“重作诗”，边款也是“印丐”二字。印面一望便知是先生拿手的先秦古玺印式，三字篆法用钟鼎籀书，结体严谨规整，尤其文字四面连边的设计，更使全印如铜铸铁凿般稳重大方。刀法上清丽爽直，一丝不苟，应是薄刃快刀所为，与吴昌硕、齐白石风格决然不同，功夫不在黄士陵、徐三庚以下，堪称一方艺术水准较高的上乘之作。

寿石工和齐白石分别为顾随所刻“重作诗”

另一方印石较为漂亮，寿山三色芙蓉石，面施简单薄意山水浮雕，上刻双字短款“白石”。听说齐白石制印润格不低，且有名印与号印一白一朱，余印不刻。朱文字以三分、四分为度，字小不刻。金属、玉属、牙属不刻等等规例。这可能是外公唯一一方请齐白石老人刻制的印章，更有趣的是印文内容竟然与前印“重作诗”相同。请两位大师制作同一内容的闲章，看来印主人对此是闲而不闲，非常重视！

可惜这两方印章都没有刻制时间，但是从羡季公的诗词生涯不难分析判断。《苦水诗存》自序云：“余之学为诗几早于学为词二十年，顾不常常作。”又云自 1930 年“以病忽厌词”，于是自次年春“重学为诗”。再一次的诗词曲折是 50 年代初，公大病初愈，虽医嘱不可作诗填词，以免耗神劳心，然而，面对“银河倒挽洗胡尘，失喜江山更日新”（《自题《章草急就篇斠字》卷尾》）的变迁，诗人重操旧业，且一发而不可收，创作了大量讴歌新时代的诗词作品。但是这一次重作诗时，寿玺石工先生已经仙逝，白石老人虽健在，却已封刀经年。因而，可以结论以上两方“重作诗”印均刻制于 30 年代中期，两印的风格与作者同期作品相比较，亦可以得到佐证。

当然新时期重作诗也不可以无印，于是羡季公请青年篆刻家吴朴堂先生刻制了寿山芙蓉石小印“长乐无极老复丁”，边款“羡季先生属刻是句。时辛卯七月，朴堂”；以及另外一方白芙蓉石印“日长似岁闲方觉”，边款“羡季先生属刻金文。时辛卯七月，朴堂”。吴朴堂是王福庵的得意门生，曾任南京总统府印铸局技正。解放后曾为毛泽东主席篆刻“毛氏藏书”。从上述两方印文中不难看出，这是羡季公病后在调养身心，准备再上战场。

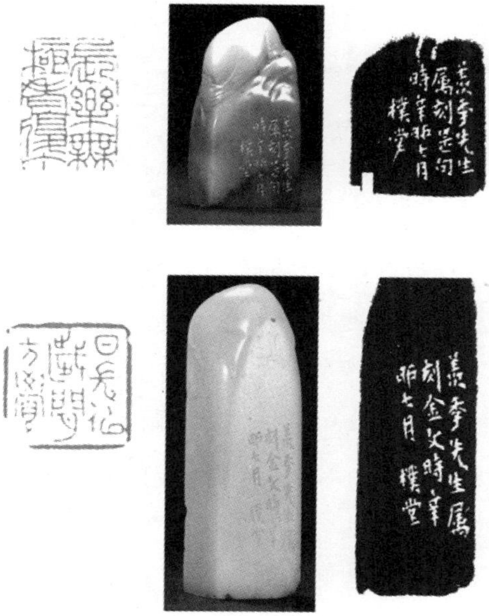

吴朴堂为顾随所刻印章

上面列举的印章，都是篆刻名家根据印主要求刻制的所谓“命刊”之作，我们从中可见羡季公于训诂、文字、金石、篆刻诸项学问造诣极深。他所索刻的印章，无一不是与自身命运、与时代脉动相吻合的，一方小小的闲文印章竟能够真实地折射出历史的倒影。至于不曾像闻一多、马一浮诸先生那样亲自操刀破石，倒是与其自嘲“述而不作”的风格相类似了。

值得注意的现象是这些出自名家之手的印章，在后来的若干年里，我们很少看到它们的印蜕，至少从现存的文献中没有发现踪迹。解释似只有一种，羡季公对其极为珍视，除了自己把玩欣赏之外，从不轻易蘸泥使用，这在印玺收藏家中亦不为少见。那么现存文献书籍中的自用印章出自谁人之手？我以为多属周围亲朋好友所刊，因为外公的亲友团中确有不少制印的高手。

20世纪末，就此一事曾经请教家慈，“姥爷的这些印章是谁刻的？”说：“尽是你四姥爷刻的。”外公曾坦言“我不识数”。而先慈之惠数学功底极好，姨母们都戏称她“铁算盘”。她在辅仁大学攻读教育专业，并以此为业毕其一生。她本无暇书画文玩，却在这里提供了一个重要线索。四姥爷名宝谦，字六吉。外公对这位年少自己近二十岁的幼弟极为关爱与呵护。早在40年代，就曾向老师周启明先生推荐：“顷舍弟又失业归来，负荷益重。敢恳老师为在‘图书馆’中设法。”50年代又竭力希望将其调到自己身边耳提面命。后来，著名书法家欧阳中石在纪念顾随的文章《只能仰望夫子，不敢忝作学生》中，对其师宝谦先生也有浓重精彩之笔。

散见于文献书籍的印鉴，内容自然集中于姓氏、姓名、字号、斋馆、笔名和吉语等。人们较易见到的有1990年天津市古籍书店出版的《顾随先生临同州圣教序》。其中致弟子史树青的信函中使用“羡季书简”阴文印；“顾随”名章阳文竖读小印；跋语后用“顾随”阳文名章；临帖结尾处压宽边阳文斋馆印“药庵”，共计四方。这些印章，在四五十年代的书简、著作和书法作品中出现频率很高，可以说属于有代表性的顾随常用印章。图中可见“顾随”阳文名章和“羡季书简”结体都很活泼，把笔画繁复平直的文字篆得灵动飘逸，带有明显的清末大家徐三庚风格。只“顾”字左下“辶”部略显左侵，使该字失稳，然仍瑕不掩瑜。“顾随”竖读小印安排极妥，使人想起赵之谦为钱次行所刻的“钱式”名章，亦竖排而两字作四字分布，极具情趣。

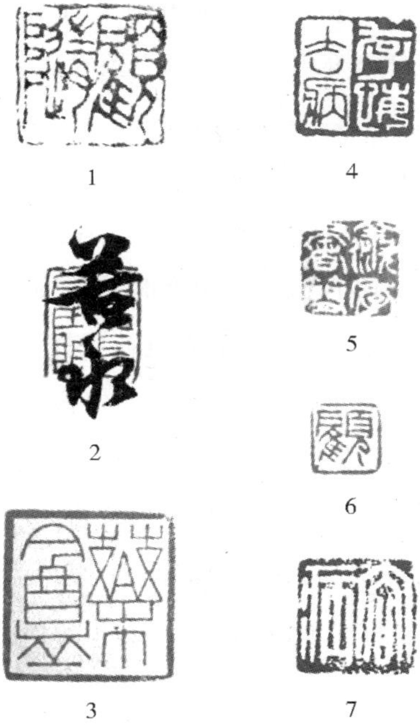

90 年代出版物中的顾随印蜕

“药庵”的馆名对于羡季公真名副其实，他一生多病且终日劳心，数十年以药为伴，故常在书法作品中使用这枚印鉴。是印取法古玺，赵之谦为魏稼孙所刻“鹤庐”当为范本。当然，若看看寿石工为周作人先生刻的“药堂”一印，更会觉得这师徒二人真的渊源不浅。

1992年6月出版的《顾随临帖四种》中共含四印。《黄庭经》后两方，其一为上述“顾随”阳文印，另一方为阴文双字“去病”。药庵自然与去病相关联，但更容易使人想到抵御外辱、驱逐鞑虏的两位古人：汉大将军霍去病和抗金英雄辛弃疾。每天苟且于日寇淫威之下，呼唤弃疾去病是每一位骨血文人的心声。《善才寺文荡法师塔碑铭》后，一方阴阳文的小印“存悔去病”。从篆刻艺术角度分析“去病”和“存悔去病”或者都不能称为上乘之作，但是羡季公用之却意义深远。“去病”已有分析，“存悔”出自王国维诗句“人生过处唯存悔，知识增时只益疑”。羡季公对王国维评价极高，说：“先生词与同时诸老旗帜特异，蹊径殊别，卓然名家，自是不朽之作；诚如杜少陵所云‘尔曹身与名俱灭，不废江河万古流’者”。王静安先生对于羡季公诗词的影响，多位前辈学者早有宏论，我本门外人无可多谈，只觉得在一方小小的印章中，同时融入这两位古今宗师的缩影真是用心良苦。

《善才碑铭》起首一行下脚，还隐压着一方“顾”字姓氏小印，章虽仅几毫米见方，笔画边框皆细入毛发，却神采飞扬端庄大度，是印亦经常使用于书法、著作的题跋中。后来，也被放大用于顾随著作的出版物装帧，由于制版中尺寸改变印面略有形变失真，使风采大减，读原印方真领略艺术珍品让人怦然心动的感染力。

《唐拓温泉铭》碑帖卷首见“夜漫漫斋所读书”阳文竖排长印。夜漫漫斋肇起1936年，在东四四条一号四合院南房，虽仅存

顾随“夜漫漫斋所读书”印及常用印章

一年时间，这方印章却给人们留下永久的记忆。初审印痕，只觉新颖清俊，然细读外公在《积木词·自序》对冬日酷寒中书斋的描述，“安炉爇火，乃若可居，而夜坐尤相宜，室狭小易暖故。背邻长巷，坐略久，叫卖赛梨萝卜、冰糖葫芦及硬面饽饽之声，络绎破空而至……”,再看狭长的“夜漫漫斋所读书”，已经不是一方简单别致的读书印，犹如一支俊瘦古朴的汉简，在昏暗的灯光下闪烁着历史厚重的气息。

《顾随全集》书法卷中，载有一幅非常引人注目的作品，1944年书写的《般若波罗蜜多心经》，落款“卅三年初冬，去病敬写”，后压一方仿先秦古玺小章“苦水”。此印虽小，却古朴娟秀，边框平直疏朗，字体挺拔灵动。“苦”字故作呆板木讷之人面状，“水”字却曲而不弱，古意盎然。无论篆法、刀功、形式和大小都与正文浑然一体，成为一幅不可多得的艺术作品。这方小印也在扇面书简上多次出现，应属羡季公得心应手的心爱之物。

《影印右军帖真迹》首页迎首处，有“苦水去病”阴文竖排四字印一方，风格篆法于前述“去病”印相近似，当属同一时期同一作者的手笔。此印也见1942年12月30日致周汝昌函，亦用于迎首位置，殷红印蜕引出一帧工整洒脱的行楷书简，未读内容已经得到莫大的艺术享受。难怪玉言先生视若拱璧，珍藏数十载，并在下角连用两方压脚收藏章“苦水两月殳门半生契友”和“沽水周汝昌玉言藏”。

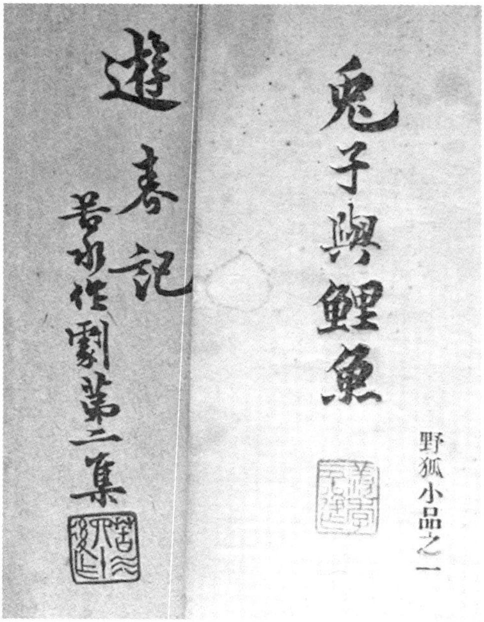

三四十年代出版的顾随著作单行本

就在这帧信函的结尾处，作者用了一方署名纪年的印章“苦水四十后作”，印用朱文古玺式，布局均称妥帖，苦字仍似前“苦水”小印篆法，唯水字取横式，与左下角“作”字相呼应，看似曲水流觞，十分别致。这方印章除了用于书简和书法作品之外，还在苦水作剧的压卷之作《游春记》的封面上加盖。这是羡季公自题书名、自作装帧的一个单行本，虽受当时条件限制印章没有套红，但是仍然使简单的封面装帧增色不少。

与这方印一脉相承的是40年代末期刻制的“羡季五十后作”，印式风格肖似前章，但是不同的是这方印经历了1949年惊天动地的大事变，同时也伴随羡季公跨过了创作著述从中期到后期的分水岭。这方印可见说禅的单行本《兔子与鲤鱼》封面。40年代末，羡季公五十初度，于诗词文赋小说剧作之外，对禅学已有深刻的研究。正如在教学之后的七绝所记：“一片诗心散不收，袈裟仍是两重裘。凭君莫问西来意，门外清溪日夜流。”若干年后，张中行先生说：“顾先生的笔下真是神乎技矣，他是用散文，用杂文，用谈家常的形式说了难明之理、难见之境。”

难得一见的顾随“习董庵”印鉴

羡季公学富五车而为人极谦和有礼，每与师友弟子信函之末，皆有致礼祝福之词。随时代变迁这些礼语从“稽首”“拜手”“再拜”到“敬礼”等，然决不失于此礼。40年代中，您特意为此刻制了一枚专印“顾随再拜”，可见重视之深。此印虽然使用不多，仍属于篆刻作品的上乘之列。风格近似黄士陵，四字阳文右重左轻，很好地体现了“疏处得以走马，密处不可容针”的艺术追求。

“顾随”和“顾随再拜”印章

羡季公1938年临池作品中有一通以退笔临写的《兰亭序》，自注为当年所临第五本，通篇一招一式神韵毕现。跋后压一阴文名章，并不多见。印取秦私玺式，两字小篆规整，全印沉稳大方，虽四面围边，仍觉疏密有致，亦为不可多得之作。

此间另有一朱文古玺式字号小印“羡季”，篆法恣意，布局饱满。我初不以为然，后发现此印在一个阶段中多次使用，信为羡季公偏爱之物。特别是1938年3月25日，得《温泉贴》后作大段跋语，言家六吉弟为其荐帖之劳云云，落款之后亦用此印。

手边文献有限，极尽搜罗也只得这些。可以推论这些常用印章，虽不能说皆宝谦老所为，但其中他为兄效力的作品当不在少数。可惜这位当年溥雪斋先生高足、娄少怀先生同窗的青年才俊，后来一生坎坷多舛，到今天几乎无片纸留存。我曾想，若能发现一些相关信息，与这些有影无形的珍贵印章互为佐证，也是一件可以期许的幸事。

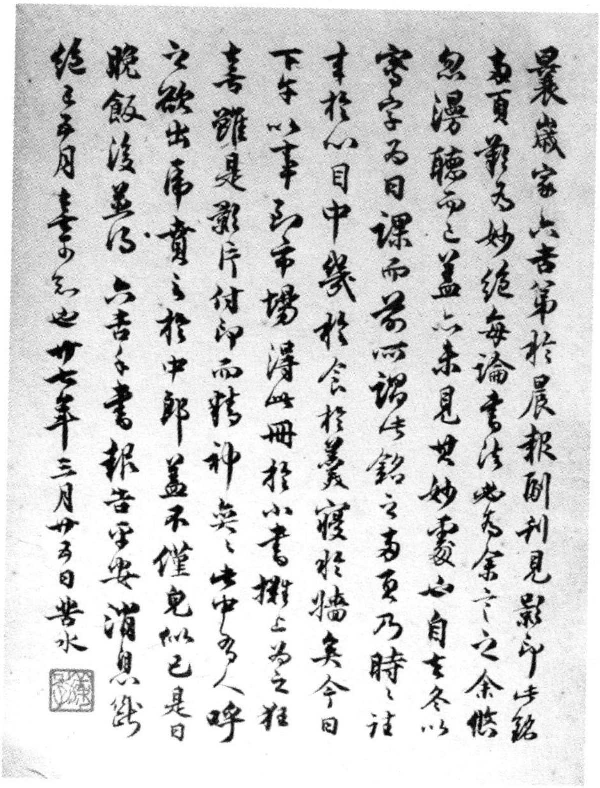

顾随书《唐拓温泉铭》帖跋语

2001年某日去琉璃厂逛中国书店，忽然发现一本《天行山鬼印蜕》的印谱，著者是中国现代语言学开拓者魏建功先生。后来知道他与羡季公早年同为燕大的学生，又是中文系同事。1937年秋冬，北平大批师友弟子离校南去，在致卢伯屏信中，独提到“魏建功、罗庸均将他去”，可见关系笃厚。魏建功在篆刻史上最值得称道的是，在西南联大极为艰苦的条件下，截取安南白藤手

苦水

清河顾随

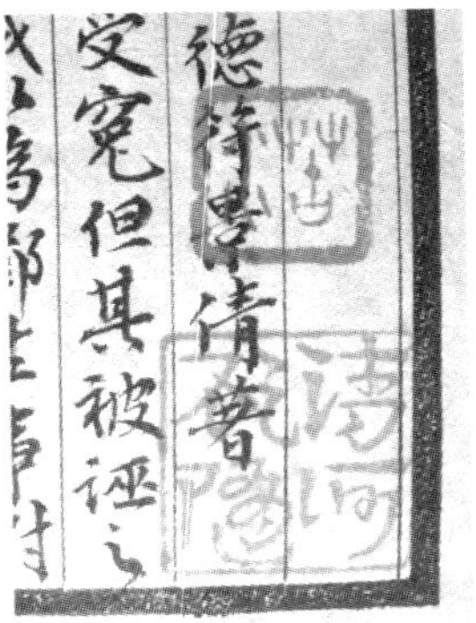

魏建功先生刻“清河顾随”和“苦水”

杖刻印义卖，所得款项全部捐给抗日前线，留有《义卖藤印存》行世。

取《天行山鬼印蜕》印谱来看，果然在第七页即《独后来堂印存》中，赫然两方羡季公印蜕呈现纸端。一为两字行楷字号印“苦水”，一为四字同为行楷书体的“清河顾随”。真可以说是一个奇遇，因为此前我就看到过外公在令其弟手抄《顾曲杂谈》小册上，盖着这方“清河顾随”章。当时很为遒劲的字体所震撼，后来我用行楷入印也有受此印影响因素。手抄本跋语为羡季公自书，落款记“廿三年四月一日苦水和尚志于旧京萝月庵”，可知是印篆刻时间应不晚于1934年。

1949年底，羡季公积劳病重，据之京从母记述，“为了有安静的环境修养，三姐之惠把父亲接到夫家的一个小跨院养病”，“三姐夫曹桓武每日下班后都去陪他闲谈。三姐夫是辅仁大学中文系毕业，父亲的学生，学识广博，翁婿二人很谈得来。每日的闲谈，可以稍稍解除父亲身体的病痛和生活的孤寂”。二人既是师徒又是翁婿，且都不善家长里短，闲谈为何？无外诗词文赋，书画文玩。那些年家君也为外公刻制印章，1952年外公在给朋友得信函中也尝提到“桓武好，常常为我刻图章”。1966年，我家亦遭罹难，一日之间几家徒四壁。然而在劫外余灰中，竟然奇迹般保留下1952年8月1日羡季公给门婿的一通论印书简：“惠印三方，两小者极佳，大者似略逊，但亦使得。甥多才艺，可羡。若山翁则于文字外可谓百无能亦百无所好。坐此，受病以至于今。甥苦才多，我患才少矣……”

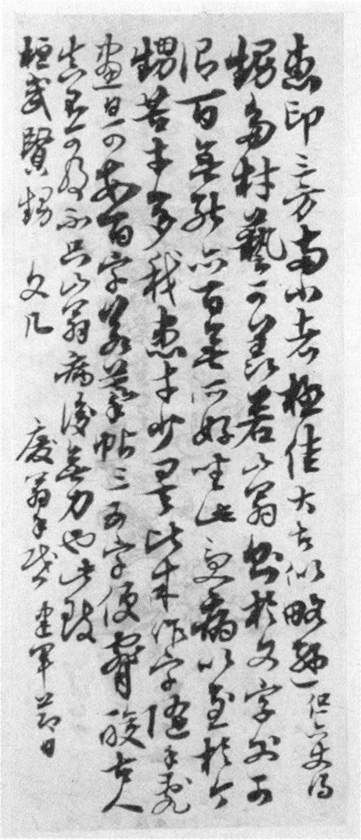

顾随致曹桓武论印函

家君早年曾从寿玺石工先生习印，所刻印章亦如前述杳无踪迹，从偲后来只言片语和作品风格分析，至少有两方可以推断为其手笔。其一为羡季公最后的书斋“三两竿竹庵”斋馆印，见于1953年11月写给张中行先生的章草《般若波罗蜜多心经》。此阴文仿汉小印刻得精巧均称，单刀薄刃所为。这种小印最吃功夫，篆法呆板印看上去如布算子，了无意趣；如果过于变化，又失去了汉印平正方直的大度风格。石工夫子深谙此理，尤以小印最为精妙。

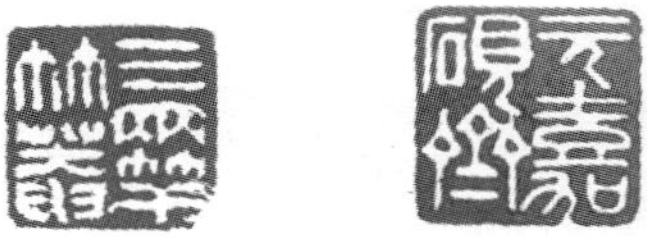

“三两竿竹庵”
和寿石工的“元嘉研斋”

另一方是朱文随形印“莫理会”。印式横取，亦篆亦隶的结字和灵活多变的刀功正是家君的风格。细审印文，正是对当时心境和病身的写照。这样的内容非至亲至近之人是决难索刊的。

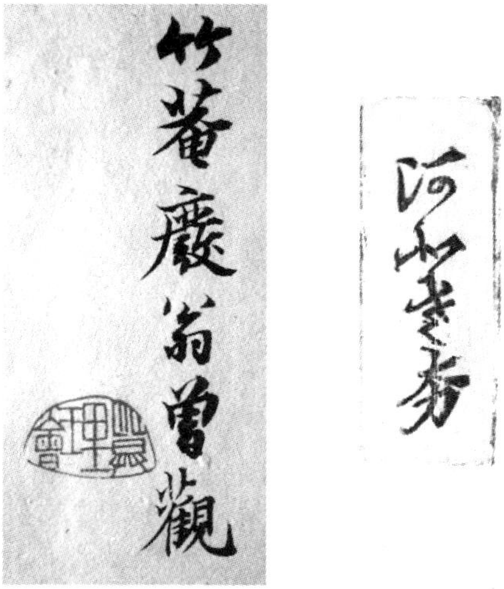

“莫理会”和“河北老夯”

家君为羡季公刊印硕果仅存的，却是一枚与我有关的公案。70年代末，我结束在外九年的漂泊回到京城，想重学书画篆刻。年轻气盛，一日画了一张四尺老虎，觉得缺方印章，就想自己刻方大印。那时画材紧缺，于是自扫家珍，找到一块旧青田石刻了名章盖上。然后拿着石章去找家君指点。您看了看说：“刻大印刀更要稳，有力才稳。你多看看西泠四家和赵之谦的印谱吧。”没听到表扬心里泱泱的，就随口问道：“这边上刻的什么？”您没再看，说：“给你姥爷刻的‘河北老夯’。”听此言当即吓出一身冷汗，悄悄退出老屋回房细看，果然是罕见的行草印式，似未刻完印底极浅尚不便用，心里就把“阿弥陀佛”不知念了多少遍！如果昨天略一手勤，就把这印磨平了，那岂不是又成一件终生的憾事？赶紧找妥当地方收藏起来。

1997年，辅仁校友会在北京师范大学举办顾随百年纪念活动，才将此印取出刻了边款展出。款云：“此家父为外公所刊最后一印，未及呈送公已仙逝，一憾也。石经浩劫竟脱罹难，今逢盛典得以面世，然父亦作古七年，遂成双憾！丁丑孟夏，曹宪拜识。”展览会上，曾亲见多位耄耋老人，颤巍巍拿着放大镜捧读此印，唏嘘不已。

顾随自用印章应不止这些，在民间和网上也能散见一些“驼庵”“苦水”等名号章，但由于未见文献明确记载和实物出现，故不在此赘述。

1997 年展览时的“河北老夯”和“三十年忌辰纪念”印章

自“河北老夯”印之后与羡季公有关的印章，大多出自我的习作。1990 年有“顾随先生忌辰三十周年纪念”，四面边款上记录了活动盛况：“庚午初秋，七月既望。适逢羡季顾随先生卅周年忌辰，乃会于京师举行纪念。群英毕至，师友咸集，缅怀先生遗范，共抒追慕之忱。特刊此石，以资永志。丁丑曹宪敬识”。以后，计有“顾随先生百年诞辰纪念”“顾羡季公一百一十诞辰纪念之印”和“顾羡季先生忌辰五十年纪念”等。今年时值羡季公诞辰一百二十周年，我当再献一印。

90 年代后纪念顾随活动的部分印章

90 年代中期，我曾将羡季公 1937 年末祭奠南京罹难同胞的诗词《临江仙》（千古六朝）分句篆刻成十方印章，汇集成谱。时家君已归道山，于是持谱求教于偲各位师友，老前辈十分奖掖。启元伯先生亲为题签，叶嘉莹教授缪赞“箕裘克绍，饶有父风，三世相传，家风不泯”，史伯庶卿先生赋诗：“秦汉迢迢印派开，临江仙句寄高怀。曹家兵法通刀法，奇正实虚有安排。”刘乃和、郭预衡、欧阳中石诸位先生均有品评，使我收益匪浅。

在各位前辈的指导鼓励下，我曾发愿要择羡季公各时期的代表作品，创作一套多字巨玺长跋的顾随诗词印谱。然而谈何容易！虽然顾随诗词以“新意境入旧格律”已成公论，但是其立意高远、用典深邃，要真正读懂需要我辈一世努力。再说篆刻技艺不精，普通小印已强弩之末，要完成这样的创作实在勉为其难。故战战兢兢，且作且息，若干年仅得十余。今即说印则不揣冒昧，择其一二，请诸位师长同好不吝赐教。

2015 年，整理家慈旧日文献得羡季公诗抄影印件一帧，盖 1947 年开岁 5 日得诗四章分别呈寄各地师友者。最难得在四首七言之后，竟多诗“又一首”。细读诗文，更觉如获至宝热血沸腾。

遂根据诗稿手迹，安排成行楷印式，取上好巴林花乳冻巨型印才镌刻成印。印文曰："漫道东陵是故侯，阽危亲见海西流。江东文物悲娄尾，楚国衣冠笑沐猴。芳草初生无尽意，夕阳又上最高楼。天翻地覆寻常事，寄语杞人休浪愁。苦水去病。"边款云："三十六年开岁，羡季公得长句四首并又一首。自沦陷之郁愤、光复之欢欣，继而以哲人目光冷静深刻探索憧憬国之未来，两年后果一语成谶。是印幸以亲书手迹模勒上石，刀笔起落如公在右耳提面命。少小习字，家君尝诫用墨过庸，时不甚了了。刊此略悟书之骨肉血脉精气神。哀君归道山廿有六载矣。丙申春分，令德曹宪并识。"

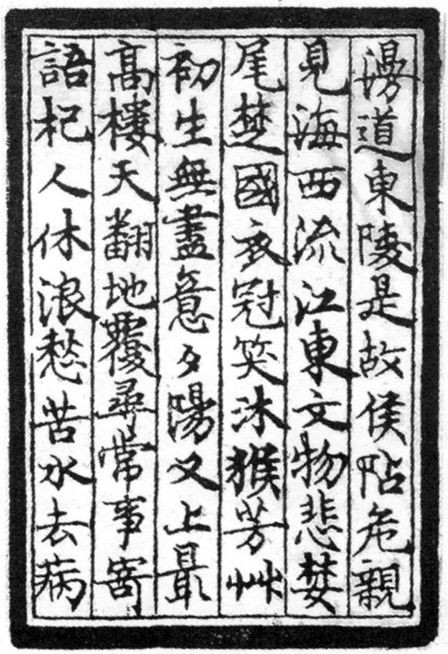

印章印文

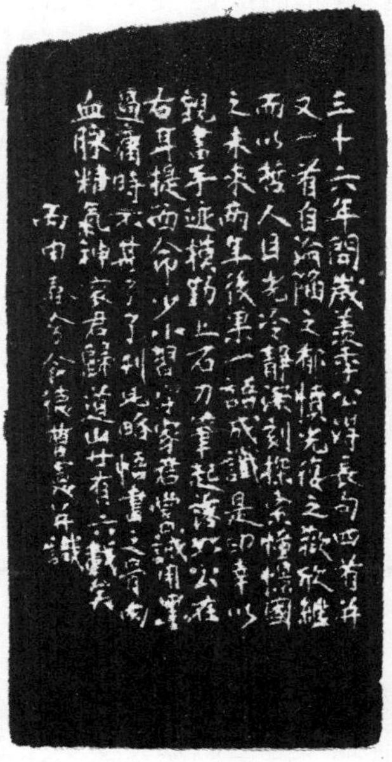

印章边款

曹宪所刻印章

1956 年，羡季公得知幼女入党，非常欣喜，填《乳燕飞》（又名《贺新郎》）一首，字词间语深意切，非一般舔犊之情可比。故而，去年词成六十年之际，以金文大篆效散盘毛鼎式将其凿于石上。词曰：“五十余年事，算何曾、胸罗万卷，路行万里。三客津沽身已老，旧学从头重理。愧伏枥、长嘶病骥。日日出门成西笑，望赤云天际峥嵘起。歌一遍，情难已。暮有弱女非男子，慰情怀、一堂聚首，年头岁尾。最小偏怜偏进步，加入工人队里。全压倒、老夫意气。战斗精神知何限，共春花国运韶光里。搔白首，悲回喜。”边款道：“羡季公《乳燕飞》牌名词作唯此一阕，迄今恰六十年矣。题记云：‘古有誉儿者，吾今乃誉女’。公膝下六女，皆不让须眉。最少者之京从母精研文史，承袭父业。且数十载矢志不移，自劫外余灰中搜集整理公之遗稿，历尽艰辛积沙为塔，成全集并诗文论丛、学术讲记等著作林立，付梓文字近千万，丞顾学体系日渐清晰卓然屹立。其功膺承鼎铭，其业更后世永享！乙未岁尾新春早至，令德曹宪恭制。”

久不为文，一篇小稿写得好生辛苦，甚至曾产生幻觉：某夜，羡季公心仪的众多自用印章，飘飘然从四面飞来，重新聚向外公那张“巨大”的一头沉书桌，他们呼兄唤姊嬉笑打闹，在柔和的白炽台灯光下，如一朵朵晶莹剔透的苦水冰花，更显得温润可人。

继而，慢慢沉寂下来，各入其位，和那些或敞开或合起的书籍，已经写满或正在书写的文稿，有匣无匣或方或圆的大石研，插着长短粗细毛笔的笔筒，还有那个双耳圆肚的铜制小水盂，汇成一个其乐融融的大家族，永远定格在一个祥和温馨的画面里。

清醒来想想，或许不聚也罢，既然是花就必然有花开花落，各自有命吧！命运好的，好风凭借力，带着她们的芬芳，带着她们的籽种，去寻找更适合的土壤生根发芽茁壮成长。命运不济的，定然早已凋谢，零落成泥碾作尘。但是，她们终究来过这世间，终究有所绽放。还是定庵先生说的好：“落红不是无情物，化作春泥更护花。”

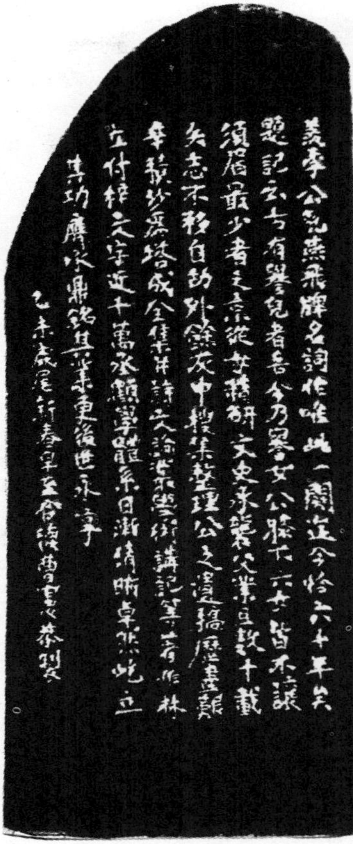

曹宪所刻印章

写于 2017 年羡季公百廿诞辰之际

卷四

顾随影记

顾之京

父亲一生可以分为几个时期——求学、执教齐鲁津沽、登上大学讲坛、困居沦陷的北平、古都黎明前、生活在新中国。“求学”阶段没有照片留下来，作为“影记”，这一段只得暂付阙如，以“执教齐鲁津沽”为首节。

一、执教齐鲁津沽

1921 年夏于济南大明湖畔

这是现在能见到的我父亲最早的一张照片，那是 1921 年 7 月 12 日，合影于济南大明湖历下亭前。照片最后一排右首第一人是我的父亲，他那时刚刚二十四五岁。

1920 年父亲从北京大学英文系毕业，到山东青州的省立中学教书，担任英文教员，兼任一点国文课。次年 6 月底辞职去济南，先在济南的《民治日报》做编辑、记者。秋季开学后，应聘至济南女子职业学校和山东省立第一女子中学校，教国文和英文。

在父亲到报社上班的十几天以后，美国著名教育家杜威到济南作离华前最后一次讲演。7 月 12 日，山东省各界请杜威和他的夫人、女儿同游大明湖并合影。父亲以《民治日报》记者身份参加这次活动。父亲是北京大学英文系毕业生，这次游湖他还兼有一些翻译的任务。一周以后，杜威的讲演以《讲演录》之名刊载于《民治日报》，父亲又以编辑的身份负责编发这份稿件。在父亲的一生里，这是第一次也是唯一一次参加官方的外事活动。

父亲在济南生活工作了三年，曾应校长之请拟订过一份女中建设简纲，提出注重美育、注重个性教育、采用道尔顿制度、注重英文、决不取夹袋式（即死记硬背）之考试等建议——这在当时真是很超前，在今天也仍有一定的现实意义。在他所教过的学生里，现在知道的有一位在现代文学史上占有一席之位的女作家、翻译家沉樱（当时名陈瑛）。沉樱曾著文称顾羡季是她遇到的“影响她一生的国文老师”（见《新文学史料》1984 年第 2 期《沉樱，及其创作和翻译》一文）。

父亲在青州、济南教书之余暇，开始了诗歌、散文、小说等创作，1934 年印行的《苦水诗存》，以青州时期的诗歌作为开卷。

父亲自十五岁时就产生了“渴望自己成为一个小说家”的愿望，现在可以见到的他发表的最早的一篇小说是 1923 年的《反目》。青州、济南是他创作生涯的起步之地。

1924 年 6 月下旬，父亲接受青岛私立胶澳中学的聘请，离开了济南。在青岛前后两年，教书之外短时间间断地兼任过《青岛时报》副刊的编辑。

父亲十分喜爱青岛的山水，他经常邀请好友到青岛赏花、看海、度假，青岛时期是父亲一生中作为东道主与朋友们交游最多的一个时期，在这里也留下了他与挚友冯至——两个青年诗人漫游齐鲁的足迹。1924 年秋季，由于课业不重，独自或结伴出游的机会最多，也时或留下一两张小照。这张照片大约即此时所拍摄，右首第二人是我的父亲。

1924 年秋于青岛城郊

父亲在青岛的游览，不仅是登山临水，他还时常一个人“下海”。从我记事的时候起，父亲就是一个体衰年老的学者形象，其实他青年时期很爱运动。从上大学时起，他就是一个乒乓好手，“大刀”式的握拍，上阵好不威风。直到他快五十岁的时候，兴致来了，还能挥拍和刚上初中的四女儿打上一局。到青岛后，他尤其喜爱海水浴，他在给朋友的信里有这样的记述，“今昨两日自己夹着本书，跑到离校五里以外的一个太平湾里洗澡。海面汪洋，浪花飞舞，上是青天，下是绿水，四顾无人，只我自己浮沉水面，好不痛快人也”（1925 年 9 月 21 日致卢伯屏书）。我家的老旧相册上，原本贴着一张父亲在海滨泅水的小照，茫茫大海，数朵礁石，照片上的父亲下半身隐没在海水浪花中，双臂有力地支撑在身边的两块礁石上。可惜这张照片十年动乱中被抄走之后，再也无法觅得。

父亲在青岛仍然写小说，但他创作的兴致却渐渐转向了词。他说，青岛“富于自然，山、海、森林在在可以征服我而使我沉醉”（1924 年 7 月 8 日致卢伯屏书）。一定是青岛的青山、大海、茂林激荡起父亲填词的灵感与激情，所以他“自来青后，甚喜作词”（1924 年 10 月 18 日致卢季韶书）。父亲自幼跟从我的祖父读诗、作诗（1914 年父亲读广平府中学时期，上海商务印书馆所编辑的《中学生》发表过他的四首古诗，那是他一生最早发表的作品），而直到十五岁时，才偶然地知道，韵文中诗之外还有“词”，二十岁时方自己学着作词，到青岛之后开始正式地进入了词创作的旺盛期。1927 年编订的第一部词集《无病词》，所收词作即始于1924年的夏末初秋。或许可以说是青岛美丽的大自然开启了他作为词人的创作生涯。

父亲1926年暑假后离开青岛，应邀到位于天津的直隶第一女师范学校（中师），可惜至今没能见到一张早年天津时期的照片。那时的天津是军阀褚玉璞的天下，他下令国文课不许讲白话文，只许教“四书五经”。父亲顶着反动军阀的训令，讲了三年鲁迅的作品以及鲁迅倡导的北欧、东欧及日本的作品。他教育女师的女孩子们要自立，要走自己的路，把握自己的命运。他教过的学生很多后来走上革命道路，其中最有影响的是剧作家、《八女投江》等作品的作者颜一烟（当时名颜玉芳）。父亲离开女师的时候，送给颜玉芳一方小砚台，这方小砚一直伴随一烟大姐。1990年我的三姐之惠去看望重病中的一烟大姐，她郑重地拿出这方小砚给我三姐看。古人传法给弟子称“传砚”，父亲赠砚给她，是借用这个典故呢，是她姓“颜”与“砚”谐音呢？或许都有吧。

二、登上大学讲坛

拍这张照片时，父亲已经进入燕京大学了。

父亲是怎样从一名中学教师走进古都名校燕京大学的？这与他填词有直接关系。父亲在天津，不仅做了一名好教师，还在1927、1928两年连续印行了自己的《无病词》和《味辛词》。印行词集完全出于他诗人的气质和兴趣，没有任何功利目的，他绝没有想到，两种词集的问世促成他走进了高等学府。

1927年暑期《无病词》印行。沈尹默先生见到弟子所赠《无病词》，立即回信，大加赞赏，并在课堂上向学生们作了介绍，誉为“佳作”。1928 年《味辛词》印行之后，《大公报·文学副刊》刊登了赵万里与吴宓的评论文章。尹默先生也有了“拟邀”“入平做事”的计划（1928 年 12 月 6 致卢伯屏书）。至于父亲自己，他本未存进大学的设想，更不曾向老师提出过什么要求。

1929 年秋季开学，由于老师的举荐，父亲进入燕京大学。这对于父亲的人生道路，是一个至为重要的关枢。在教育事业上，在燕大他很快成为“燕园名师”，周汝昌、黄宗江、杨敏如等多位先生，都是他在燕大的学生，此后父亲逐渐成为一位知名的教授。在学术研究上，进入燕园，伴随着大学的课程，而开始了学术研究工作，燕园开启了他的学者生涯。在个人的生活上，他得以从老家接来我的母亲和姐姐，从此结束了十五六年只身在外的生活，有了一个属于自己的家，也有了日后培养女儿们成材的基础与条件。

这张照片是他初到燕京时，在学校安排的成府村寓所拍摄的。

1929 年秋于燕京大学寓所

这一年的初秋，一天下午课后，学生赵澄带了相机来到这里，为他拍下了这张坐在书桌前藤椅上的照片。照片上的父亲，潇洒安闲的仪态、沉静庄重的面容、微锁的眉宇、透过近视镜片的专注的目光，现出一位中年诗人、学者的风采。

进入燕园后第二年，父亲的第三种词集《荒原词》问世，"燕园名师"已是蜚声文坛的"苦水词人"。这时，中法大学以教授职衔聘请父亲去任课。到校不久，即值中法大学编印《中法年刊》，需要任课教师的照片，"年刊"为父亲拍了这一张。他在中法大学虽是兼任教师（父亲在中法的任课直到1949年秋重病才停止），但每周两次到校任课，还时常在这里举行学术讲演，如《小说家之鲁迅》《我所见到的鲁迅先生》《鲁迅先生之作风》，等等。一次

1933年于中法大学

下午，他在中法讲“汉诗”，自觉所讲“颇堪自信”，而深以“不能自写语录”为憾（1948 年 12 月 3 日日记）。其实父亲不必遗憾，他的“传法”弟子叶嘉莹 1940 年代在辅仁大学听课长达六年，笔记完整，录下了他在课堂上的风神情采，至今保存完好，已出版多种“讲坛实录”类的书籍。

父亲是教大学的，看起来是一份体面的工作，但一介书生，他绝没有在北京置办房产的实力，所以他在北京廿余年，一直是租房而居，而且租赁的房子每况愈下，一处比不上一处。

我母亲到北京以后，租住的第一处房子是东四四条一号的独门独院，这张照片就是在这个院落里拍的。那是 1936 年 4 月中

1936 年 4 月于北平东四四条寓所

句，一天下午父亲从燕大课后回城，母亲正带着刚刚四周岁的四女之燕、刚满两周岁的五女之平在院里散步，我不知道是谁带着照相机正在这里，于是有了这张照片。照片的背景是院里的南房——父亲的书房“夜漫漫斋”。我家在这个院子从 1931 年一直住到 1937 年的 7 月初，这六七年的时间恐怕是父亲前半生生活相对最为安宁的一个时期。燕大的薪水可能不太少，他能够从老家把我的一个叔父、三个堂叔父接到北京读书，家里除了一个保姆以外还请了一位专门做饭的厨工。四姐、五姐和我都出生在这个院落里。这一时期，他的创作与著作也十分丰硕。

1934 年，父亲将 1920～1933 年的诗作精选出八十六首，编订为《苦水诗存》。这是父亲生前印行的唯一一部诗集，这些诗作可说是父亲前期诗歌的代表。同时，他又把 1930～1934 年间的词作编订为《留春词》，与“诗存”一起印为合集，《留春词》已是父亲的第四种词集了。此后一段时间，他的词由创作转向和作，1936 年 1 月编订了第五种词集——专和晚唐五代词人的《积木词》一百六十四首（未印行）。更值得记述的还有他在这里所开始的学术研究工作。先是以讲义的形式印发给燕大学生的《元明清戏曲史》一部，接着是一系列二十余篇元曲研究论文发表于报刊，同时他用几年时间进行着元杂剧的辑佚与校勘。东四四条的夜漫漫斋是父亲学者生涯起步的地方。

由于对元曲的研究，他的创作兴趣也由作诗填词转向了治曲，1936 年整整一个冬天，父亲一口气谱成了《再出家》《祝英台》《马郎妇》《飞将军》四出杂剧，并立即印行为《苦水作剧》。剧作集的出版，奠定了他在中国戏曲史上的地位，也使他成为中国文学史上迄今为止最后一位杂剧作家。

三、困居沦陷的北平

1937年初夏，由于房东要卖房，我家迁居到东四西牛排子胡同三号的一座老北京式的四合院。这张照片拍摄于院内南房窗前。就在迁居的第二天——1937年7月7日——发生了卢沟桥事变。从夜漫漫斋里搬来的书籍资料还没来得及整理上架，父亲就开始了逐册的翻检。“九一八”之后，父亲购买了不少宣传抗日、记述抗日的书刊，此刻为了一家老小的安全，他不得不下狠心检出来毁掉。这一天入夜，三个大姐姐在里院中心挖了一个大土坑，把父亲检出的书刊一本本地投进土坑里烧掉，烧书的火焰直蹿到一房多高，耀眼的火光越过了高高的院墙。第二天一大早，里院中心出现了一座大花坛，泥土湿湿的，上面种着不少草花，似乎昨天晚上什么事都没有发生过。从此，父亲的生活不再有夜漫漫斋的宁静，他的书斋也改名为“习堇庵”了。

这张照片是1939年暑假在习堇庵的窗下照的。照片上的三个女孩自左至右依次是五姐、四姐和我。两个小姐姐头上是用红绒线扎起的歪辫，身上是小连衣裙，我的发式与服装显然与她们不一样，剪了个“分头”，穿的是连背心的短裤。这个装束是因为我刚满三周岁呢，还是父母心照不宣地盼望有个男孩子呢？这里我必须要说，父亲、母亲没有一点重男轻女的意识，父亲常说，“男孩、女孩是一样的”“我的女儿绝不会比别人的儿子差”这样的话，他和我母亲始终坚决拒绝老家要“过继”一个儿子给他们的建议。可是，话说回来，天下的父母哪一个不是盼着儿女双全呢？

1939 年夏于北平牛排子胡同寓所

七七事变后，北平沦陷了，父亲无力带着一家老小奔赴大后方。困居北平，他坚持只在当时还可称是一方“净土”的燕京大学和私立中法大学任课，绝不接受伪北大的聘请。授课之余，深隐于习堇庵，以坚毅的心志潜心于祖国历史文化的研习。他先是完成了专著《元明残剧八种》，又写作了和晚唐韩偓诗的《和香奁集》四十三首；还创作了不少忧时念乱、思国伤己的诗作和词作，1941 年他将词作编订为第六种词集《霰集词》而印行。

这张照片站在父亲身后的是我的三姐之惠，拍照的时间是 1941 年的年底，父亲身后的房间已不是牛排子胡同四合院的书斋习堇庵。两个多月以前，由于四合院的昂贵房租使父亲不堪重负，全家搬到了房租较低的地安门里碾儿胡同廿九号旁门，这其实是廿九号正门大四合院的后院，独门独院，一溜北房。父亲自 1939 年为了多挣一点钟点费，贴补生活，开始兼任辅仁大学的课程，

1941年底于北平碾儿胡同寓所

每周要到学校去三次，住在这里，步行三十分钟就可以到校，来往雇用人力车的钱也省一点。1941年暑假三姐高中毕业，她功课很好，出于强烈的民族情感和自尊，父亲坚持不让她报考敌伪统辖的公立大学。照片上的三姐已是辅仁大学教育系一年级的学生，她有时可以陪父亲一起步行到学校上课，这张照片正是午后准备去学校之前。父亲身上棉袍之外罩着一件灰驼色的大皮袍，头戴水獭皮帽，围着长长的黑色毛围巾，左臂下夹着一只装讲义、书籍的黑皮包，腰身挺直，精神十足，让我们感到有些老兵出征的味道。父亲在讲堂上永远全神贯注、声调激扬，尽管课后总是累得腰酸背疼、腿软声哑。照片上父亲这一身“行头”，在当时算得上是高档的，但都是 1930 年前在天津女师和初到燕京时置办的，这些衣物父亲一直穿用，陪他走过了大半个人生。

我家在碾儿胡同住了不足两年。在碾儿胡同，父亲的书斋更名“倦驼庵”——父亲后来自署“驼庵”一号，即源于此。搬到这里不久，太平洋战争爆发，燕大被日寇封闭，日伪统治者加紧了对中国百姓的压制，倦驼庵里又一次焚书——父亲的《留春词》里有两首慷慨昂奋的抗日之曲，这时不得不把家中全部《留春词》中的这两首词撕下来烧掉。

父亲以他特有的方式——文学创作——以笔为枪进行着战斗。他的《倦驼庵词稿》《倦驼庵诗稿》均创作于此时，尤其是他所谱写的两折杂剧《馋秀才》，刊于宣传抗日的刊物《辛巳文录》初集。《馋秀才》一剧写一个厨艺高超又嘴馋的秀才，穷困潦倒到喝“白粥”、住僧舍、教村学的份儿上，也不为每月十两白银的薪俸去伺候县太爷。一看就明了，父亲是以馋秀才的形象表露自己身处清贫、坚持操守的心志。之后，他的创作笔锋一下子转向近十年不曾涉足的小说领域，完成了中篇小说《佟二》。小说里，通过农民佟二的遭遇，父亲以一支滴血的笔，诉说中国农民的苦难，控诉日本侵略军惨无人道的罪行，张扬了中国人民不屈的斗志。

在碾儿胡同，家庭的经济状况是愈来愈拮据。1942 年暑假还没到，父亲已托在天津的旧日弟子为他找一份临时的教职，用现在的话，就是为了养家糊口，他不得不准备外出“打工”了。由于母亲突患重病，这一计划未及实现，全家生计暂靠借贷度日。

这是一张“非常”时期的“非常”照。

1941 年 11 月，古都已是深秋，日寇加紧了对中国百姓的压

1941 年 11 月于北平

制，凡出入西直门，必须持有贴着照片的“官方”发给的“出城证”，上面贴的照片还必须是由“官方”新拍照的。父亲到燕京去上课，必须出入西直门，不得不去指定的地点拍照办证。中国人出入自己都市的城门，却要到日伪机关去办出城证，得到日伪机关的批准！从照片上不难看出，父亲瘦削的脸上布满了对故国的忧思和对自身处境的无奈。透过镜片的目光里隐含着对敌人的愤怒与蔑视。照相时是不许戴帽子的，父亲只能用他那条围了多年的浅驼色旧毛围巾严紧地包裹在不屈的颈项上，保持着自己凛然不可侵犯的气节。这时父亲还不满四十五周岁，但两鬓已明显地布满白发，记录着满怀的忧患与沧桑。

“出城证”只用了几次，燕京大学就被日寇封闭，父亲失掉了燕京教职，仍坚持只在辅仁和中法任教，全家开始了更为清贫的生活。

当年在沦陷区北平，辅仁大学是教会主办，是不受日本管辖、不挂日本国旗的一所学校。这里聚集了许多爱国的知名教授，优秀的青年学子也纷纷考入辅仁大学。

父亲自1939年开始在辅仁大学任课，燕大被封后他成为辅仁大学的专任教师。他在这里讲授《诗经》“楚辞”、《文选》唐宋诗词等课。课后余暇，1943年的8、9两月，父亲完成了他的两种词学专著《稼轩词说》和《东坡词说》。1944年秋季，他在“痛苦忧患”之际填词二十余首，自编为《濡露词》。1945年1月，他利用寒假完成了两本八折的杂剧《游春记》，这本杂剧更加坚定了他文学史上最后一位杂剧作家的地位。直到1949年秋大病离开讲坛，在辅仁大学，他前后执教十一年之久，很多著名的专家、学者、教授以及众多不知名的文学、艺术、教育工作者，都是他在辅仁大学时期的学生。其中最引人注目的是父亲的“传法”弟子、蜚声海内外的学者叶嘉莹教授。父亲一生留下的与学生的合影极少，有幸的是年轻时的叶嘉莹与同班同学与老师在一起的这张合影至今尚存。

那是1943年的夏天，国文系四一级结束了大二的课程，全班女生组织了一次聚会，被邀请的老师只有我父亲一人。聚会后先在辅大女院的垂花门前合影，之后八位女生陪护老师返回寓所，在父亲书房兼卧室的“倦驼庵”阶前留下了这张合影。在父亲身后左侧站立的是叶嘉莹，右侧是叶嘉莹最要好的同学刘在昭。这张照片叶嘉莹先生有一张约三十吋的放大版，悬挂在她天津南开大学寓所书房兼客厅的墙壁上。

1943年夏于北平南官坊口寓所

早在1946年，我父亲已认定叶嘉莹为自己的传法弟子，但他又绝非一般“小儒”式地把弟子拘囿于自己门下。在这方面，父亲有一段称得上是经典性的话语写给弟子叶嘉莹：

年来足下听不佞讲文最勤，所得亦最多。然不佞却并不希望足下能为苦水传法弟子而已。假使苦水有法所传，则截至今日，凡有所法，足下尽已得之……不佞之望于足下者，在于不佞法外，别有开发，能自建树，成为南岳下之马祖，而不愿足下成为孔门之曾参也。（1946年7月13日致叶嘉莹书。）

弟子叶嘉莹虽然自1948年离开北平后再没有见到自己的老

师，但她实现了老师的愿望，青出于蓝而胜于蓝，以她的出蓝之青告慰老师的在天之灵。

叶嘉莹教授自1980年代以来，写了许多纪念和研究老师的文章，这些文章与老师给她的信函、批改的诗词曲习作以及师生唱和的诗章，都已汇编入《顾随与叶嘉莹》一书。在这里值得浓墨重笔书写的是，自1979年叶嘉莹教授回国讲学以来，全力进行老师著作、遗稿的搜集整理与出版，这对于弘扬中华传统文化、对于“顾学”的传承起着无法估量、无可替代的作用，是中华文化学术史上值得永久记忆的一章。

四、古都黎明前

前面已经说到，早在1942年父亲已穷到准备假期外出“打

1947年夏于北平南官坊口寓所

工”，自然再也租不起独门独院的房子。1943 年 4 月末，他又找到一处租金相对更便宜、离辅仁大学更近的住所——什刹海北沿南官坊口廿号。在这个大门里，我家租的是前院的六间大北房，这里本来是一座旧日的王府，那时虽还不能说已是大杂院，但里院外院共住了七户人家。因为是王府旧宅，房间高大，夏天还好，冬天可真冷，西侧三大间只生一个小煤球炉子取暖兼做饭，东侧三大间只在父亲的书房（仍名“倦驼庵”）生一个铁炉子。我记得四姐和我的手都生了冻疮，手指头伸出来像一根根发亮的小胡萝卜。

1945 年夏日本投降，父亲很是兴奋了一阵子。这年暑假他在书房里给四姐、五姐和我读鲁迅翻译的苏联小说《表》，读鲁迅的《故乡》《狂人日记》《阿 Q 正传》，有时还和我们一起打几圈麻将。短暂的兴奋很快过去，抗日的胜利并没有改变我家的清贫，从这张 1947 年初夏的全家照（大姐、二姐已出嫁），已可略见当日生活的清苦。照片的背景是我家住的西侧那三间北房，照片左上角可以看到有一根长竹竿支起的布帐子一角，布帐子是用旧面口袋洗净之后缝起来的；帐子下面是做饭用的小煤球炉，有了这布帐子，做饭时就可以遮阳挡雨。遇到下大雨的时候，即使天气再闷热，煤球炉子也得搬进屋里去。照片的左下角可以看到一支蒙着白细布的小缸，那是母亲按老家的方法晒制的面酱。照片上还可以模糊地看到一点点，酱缸旁边还有一个小缸，那里晒的是豆酱。自从搬到南官坊口以后，母亲每年夏天都要晒两缸酱，买不起什么好吃的，那酱抹在烤过的窝头片上，成了秋冬两季的美味。

抗战胜利不久，国民政府的统治很快现出了专制腐败的原形，内战烽火再起，父亲忧心国家民族的前途，却又自感无能为力。尽管如此，父亲仍然是尽全力地教学生，奋力地从事着创作与研究。1946 年的暑假，他完成了两年前已动笔的中篇小说《乡村传奇——晚清时代牛店子的故事》。自 1947 年 6 月，父亲应张中行先生之邀，开始逐月撰写谈禅大著《揣籥录》，这部著作又坚定了他在佛学研究上的重要地位。

父亲是学英文的，他自 1925 年青年时期，出于兴趣就开始翻译英文作品，现今所见最早的译作是刊于 1930 年河北女师学院《朝华》上、与卢季韶合译的小泉八云的讲义《英文诗中的恋爱观》。直到“倦驼庵”时期，翻译工作仍时常作为读原版书时的一种消遣，偶一为之。1946 年在《大公报》发表一篇据英译本转译的俄安特列夫的《大笑》，同时还写有一篇论安特列夫的短文，证明着父亲的英文功底和对域外文学作品的喜爱。

进入 1948 年，家里的经济状况愈来愈艰窘，父亲已经交不起每月的房租，他不得不向辅仁校方开口，要求解决一家人的住房。这是父亲一生第一次也是唯一一次向任职的学校提出个人生活方面的要求。1948 年 10 月末，我家搬进了属于辅仁大学校产的、地处恭王府花园对门的李广桥西街（今之柳荫街）八号，学校分给父亲的是四合院里的北房和东房。院里的西南角有一丛并不茂盛的绿竹，父亲因此将自己的居所定名为“三两竿竹庵”。我父亲母亲的这张合影，身后就是那稀疏的三两竿竹。

“三两竿竹庵”，一个富于诗情画意的名称，但父亲初入此庵的头三个月，生活没有一丝诗情、半毫画意，有的只是受不尽的

1948 年底于北平李广桥西街寓所

搅扰，捱不尽的欺压。那正是古都北平黎明前最黑暗的时候，物价飞涨——父亲吸的苏格兰烟头一天卖十四元一包，第二天涨到十七元，一周后就是二十八元，玉米面有时甚至是一天就翻一翻；官方勒索——警察三天两头来催逼出夫，我家哪来的“夫”，你没夫就拿钱来顶；败兵骚扰——溃败进城的国民党军队进了民宅就“借”火做饭，“借”房住兵。父亲前半生虽没经太平盛世，但也从没经历过如此的“魔”难。在这种境况中，父亲仍能潜下心来，在书房里为《世间解》撰著了《揣籥录》的最后两章，为辅仁大学生寒假的讲习班撰写了两万余字的《韵文普说》。我想，如果不是黑暗行将退去，东方已现晨曦，父亲在精神上、身体上无论如何承受不了如此这般轮番的恶性“轰炸”；如果没有对教学事业的执着，没有对中华文化的忠诚，也无论如何写不出两万多字的专著。

五、生活在新中国

黑暗终于退去，古都北平迎来了崭新的日月。

1949 年初北平和平解放以后，党的领导人在北京饭店接见北平高校的爱国名教授，父亲被邀请参加。那是 1949 年 2 月 19 日下午 3 点，地点是北京饭店，接见并致词的首长有董必武、聂荣臻、叶剑英等，父亲在日记里记下了这件事。

随着解放军的入城，许多新书也走进了古老的北平。父亲任课之余读了大量新书，此刻他的读书用“如饥似渴”四字来描述绝不过分。文学、历史、哲学、政治，英文的、翻译的，仅 1949 年 2 月 23 日至 4 月 10 日这五十天里，据日记的记述他读过的新书有二十多种，而且有的书读了两三遍，还把读书所获的新鲜感受随手记在书页上，或写在日记里。

1949 年 6 月于辅仁大学

随着北平的解放，天主教会创办的辅仁大学也回到了中国人民的手里，6 月 1 日辅仁大学成立校务委员会，主持全校工作。父亲当选为校务委员，这张“校务委员会成立大会”的照片，后排左一是我的父亲，前排左三是到会指导的华北高等教育委员会秘书长张宗麟同志，站在张宗麟同志左右的是陈垣校长和余嘉锡院长。随着校务委员的职务，接着父亲又被推举为中文系主任、附校委员会主任。父亲是诗人、书生，他没有行政工作经验，又缺乏组织领导能力，他只是凭着对事业的忠诚奋力地工作着，终于在这一年 9 月重病住院。此后，不得不中断了几十年来研读、讲授、著述的生活。直到 1952 年上半年病体方稍见痊可，他先是恢复了临池的日课，继而校注了《邓文原章草真迹》，进而撰著书法专著《章草系说》；至九十月间，一卷包括二十八首诗词及两千余字“附文”的《竹庵新稿》开启了他新中国时期的诗词创作。

1953 年春，父亲大病痊愈之后，接受天津师范学院的邀请，经高教部批准到天津重登讲坛。此前，父亲的好友冯至考虑到他的身体，已为他介绍到社科院文学研究所，但父亲离不开讲台，还是决定到天津。1953 年 6 月，举家迁离寓居了二十余年的古都。天津马场道校内第二宿舍小楼的楼下是他的寓所，“有暖气及卫生设备”，“书室、卧室、厨房、厕所各一。书室、卧室之大，一间可抵李广桥三至四间，高爽、干燥”，他觉得“颇合理想”（1953 年 7 月 13 日致卢季韶书）。他对友人说，“到津之后，凡百俱好，体力脑力都较病前不坏”（1953 年 11 月 11 日致卢季韶书）。这张照片是 1953 年底为学校要求的履历表一类报表而拍照的。

父亲的发式自青年时起一直是“平头”，大约是自大学毕业后

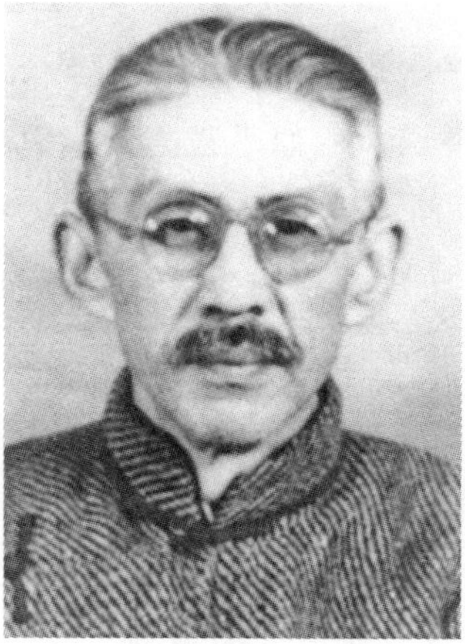

1953 年初冬于天津师范学院

即于上唇蓄短髭，1949 年秋大病之后因理发不便方始蓄发。这是现在能见到的他蓄发后的第一张照片。父亲身着的是一件家制的

1954 年春于天津师院校内寓所

深褐色与浅驼色交织的中式粗呢长夹袍，这还是1947年母亲和三姐一起用手工缝制的，我们姐妹几个时常玩笑地说这是件“道袍”，父亲后来也这样说。他似乎很喜欢这件“道袍”，每逢入冬总是作为大衣套在外面。直到1956年国家为他大幅度增长了工资，他用补发的钱与我母亲一起每人做了一件厚呢大衣，才不常穿这“道袍”了。从这张照片上不难看出，父亲大病初愈，生活在新中国，“谁道人生无再少”的欣喜。

1953年9月秋季开学，父亲重又登上阔别整整四年的讲坛。此时虽然只是五十六七岁，而对他来说已是步入人生的晚年，但他登上讲堂，仍然是精气神儿十足，风采不减当年。本来学校提出让他每周至多上两三小时课，主要是做顾问和指导青年教师，但随着形势的发展，尽管校系领导十分照顾他，这承诺也难以兑现。父亲从没有以年老、体衰提出过什么要求，相反，上课、开讲座、参加学生的朗诵活动和各种会议，后来还要往返乘班车到分校去上课。勤奋、认真、兢兢业业，事事处处为后辈学人作表率。那时没有统编教材，每学期他亲自选注教材，注释部分工笔正楷写在竖行的稿纸上，拿到文印室刻印；讲课用的讲稿就更不用说了，在他最后执教的这六七年里，单是手写的讲稿就有“唐宋诗词”“佛典翻译文学”“毛主席诗词笺释”“中国古典文学批评”“元明清戏曲史”等近十种几十万字。

这张照片是1954年春季、父亲正在校内住所书房里撰著“佛典”一稿，此刻他聚精凝神、心静如水，全身心沉入到写作中，四姐之燕为他拍下这张照片。1954年在高校开“佛典翻译文学”一课，在全国可能还是第一份，他对这项工作怀着浓厚的兴趣、愉快的心绪，在文稿的“结语”中说“这高兴殆不下于小孩子过新年，穿新鞋”。

父亲自1953年重返津沽重登教坛，至1960年春病重，前后七八年间，创作、著述之笔始终不辍，有诗词数百首（1956年1月曾编订《闻角词》，未印行），有学术论文多篇刊布，而一些未及完稿的论著手稿多数散佚。

在天津执教期间，他先被推举为天津市政协委员，天津市划归河北省后，他被选举为省人民代表。1958年春他到省会保定去开了一次人代会，会上提出的一份提案，内容是让人们料想不到的“关于野生植物的保护与利用”。

这是父亲生前最后一张照片。那是1959年最后一天的中午，他带着家人去天津小白楼起士林西餐厅美餐。照片上他已经喝完了汤，正等着服务员上菜，四姐带了相机，照了这张照片。

1959年12月于天津起士林餐厅

父亲喜欢吃西餐，困居北平之时，国事家事都使他既没有心情、又没有财力去享用。1953 年到天津以后，他每月工资二百多元，在当时这是个了不起的数字，再加上离起士林步行不过十几分钟，父亲常在节假日带上家里人去那里享受一顿异国风味的饭菜。

1959 年下半年，学校里有一段虽短暂却平静宽松的日子，父亲的心情和身体似乎也比以前好。这一年初冬正逢俞振飞、言慧珠率上海昆曲剧院到天津演出，父亲好几年没进戏院听戏了，这次俞、言两位艺术家率团来津，他兴致很高，我到中国大戏院排队给他买票，陪他和我母亲一起听了两场昆曲。父亲从北大红楼的学生时代就爱听戏，称得上是戏曲鉴赏家，他自己也会唱几句。在课堂上讲课，有时也会“跑野马”，说到京戏，说到杨小楼……

进入 1960 年，他的身体渐渐不能支持，自春暖以后，几乎没再出过门。听昆曲、吃西餐，是他人生最后的岁月里一段十分愉悦的时光。

2009 年 11 月草拟，2017 年 2 月改订

父亲的书斋生活

顾之京

1929年初夏，父亲得到古都名校燕京大学的聘书，暑后开学，成为燕大国文系的专任讲师。此前，他辗转于山东青州、济南、青岛和天津的几所中学执教，居住学校的教员宿舍，只身一人在外，把妻子和女儿留在故乡的老家。燕京大学为父亲在学校附近的成府村吉祥胡同租了一个小院落，三间向阳的北房（有段时间是和一位姓沈的同事同住）。每逢周末，父亲乘“洋车”（人力车）或燕大班车进城，到情逾手足的好友卢伯屏暂住的宣武门外直隶会馆的小屋里，共度一个充溢着友情欢娱的周末。在会馆的小房间里，他们读书、作文、谈心，一同用红星水笔批改学生的作业，有时点起小“洋油炉子”煮食一点早餐或夜宵，到晚间，卢大爷睡会馆提供的铺板床，父亲睡在卢大爷的大躺椅上。次年，父亲出现了吐血的症候，心疼爱子的祖父终于征得了专制的老家长——我的曾祖母的同意，准许我的母亲带着两个女儿离乡到北平，陪伴并照护我的父亲。1931年初，母亲到北平后不久，经过一位旧日弟子的介绍，父亲租下了北平城里东四四条一号院。从此，第一次有了专供自己进行研读的书斋，开始了真正的书斋生活。此后，居所虽几经迁徙，房舍虽每况愈下，但总还能有一间书斋陪伴他。他在书斋里读书——文学、历史、哲学以至佛经、碑帖、外文原版书；备讲——准备讲坛“传道授业”的稿本、讲义；创作——词、曲、诗以至小说、散文；著述——说词、论曲、析诗、研文、谈禅；作字——临写碑帖、研习翰墨……直至他生命的终结。

一、萝月斋

东四四条一号是座只有南北房的狭长院落，三间南房作为卢大爷的居室（父亲邀卢大爷来同享这独门独院的“家”的“奢侈”），“勾连塔”式的五间北房分别是父母和姊姊们的起居室，其中向阳西侧一间辟为父亲的书房。父亲最初的这间书斋名为“萝月斋”。书斋所以名为“萝月”，父亲曾有直截而颇富诗意的追述：

> 余旧所居斋曰“萝月”，盖以窗前有藤萝一架，每更深独坐，明月在天，枝影横地。此际辄若有所得，遂窃取少陵诗而零割之，名为“萝月”云耳。（《积木词·自序》）

父亲的萝月斋时期，这世上还不曾有我，长大之后，我也未曾向父亲或年长的姊姊询问过萝月斋的情形，只是小时候常听母亲和姊姊们说起，窗前那一架藤萝，每年春末夏初盛开着串串紫花，可以将花采下拌上面粉和白糖蒸成清香沁人的甜美藤萝饼。

其实，这萝月斋虽有美景为衬托，但似乎并不大适宜父亲的研读。他在《积木词·自序》中又说：“萝月斋实不成其为斋耳。小女与佣媪或其大姊往往于身后座侧嬉，既碍读，又妨思；友来谈亦时为歌声啼声所扰。”不过，父亲在斋中的研读与备讲并没有受到什么妨碍。据现在保存下来的资料看，父亲在萝月斋诗词创作成就可观，完成了《留春词》与《苦水诗存》，印行了这部诗词合集。父亲治曲始于何时，至今未能确知，不过“下决心作五年计划，诗词散文暂行搁置，专攻南北曲，由小令而散套而杂剧而传奇”（1933 年 10 月 2 日致周作人书）则是在萝月斋。现今得见最早的曲作散套《［大石调·青杏子］新秋坐雨》即创作于 1933 年 9 月之萝月斋，而且自 1933 年冬在萝月斋开始练习剧作，谱成《馋秀才》杂剧之曲词两折，次年秋再谱成《飞将军》一剧之第一折。

在萝月斋，父亲阅读了前人许多曲论与曲作，在两种线装剧曲小册子上，留有他题写的跋文，一为明人沈德符之戏曲论著《顾曲杂言》，一为清人舒位之剧集《瓶笙馆修箫谱》，是现今所存父亲最早的论曲文字。近年辑得父亲的《萝月斋论文杂著》一篇，虽是刊于 1936 年之《中法月刊》，然以“萝月斋”冠名，定是作于此际无疑。“杂著”包括《盖棺论定》《说风》《酒与诗》《书张宗子〈与包严介书〉后》，或以杂文笔法，或以抒情散文笔法，均系随笔式的文艺短论。萝月斋之前，父亲手中之笔主要游弋于创作一途，萝月斋似可看作他写作学术文章的起步之地。

在萝月斋，由于居处宽绰，父亲从老家接出四个弟弟（一个胞弟，三个堂弟），供他们在旧都读中学，代父辈尽长兄教诲幼弟之责。

父亲的萝月斋偶亦署作“荠庵”。荠，一种小草般柔嫩的野菜，故乡人似颇爱以此“尝鲜儿”，父亲尤喜食母亲包的荠菜馅饺子。在北平安家以后，逢春季父亲为了疏散身心，有时拿上一个口袋一柄小刀，选一个公园去剜荠菜。后来他写过散文《剜荠菜》，记独自去太庙喝茶剜荠菜的事儿。自从我家迁居北城，在我的记忆中，父亲在假日有时带了我们三个年小的女儿去北海散步、游赏，连带在草地上剜回一口袋荠菜，父亲还开玩笑地说，我们是帮助园林工清理了草地。当晚，我们就有一顿鲜美的荠菜饺子吃。母亲包的饺子不足一寸长，饺子出锅，薄如丝绸的皮儿透出碧绿的菜馅，咬一口，那鲜嫩的菜汁在齿颊间流溢着清香。随父亲逛北海、剜荠菜是我们儿时春日最开心的事。直到父亲晚年，我已近廿岁，一次春假父亲还带我在天津师院的操场边、楼阴下剜荠菜。父亲过世之后，再没人带我剜荠菜，也再没吃过母亲包的荠菜饺子。话说得太远了，我只是想说，父亲定是凭了对荠菜的一份特殊情愫，方始有了"荠庵"一名。

荠庵，它涌动着春日的清新气脉，散发着淳美的家庭气息，因而，父亲只在那些随意题写的、随笔式的文字后，才署此"荠庵"一称。如 1933 年，他在读了友人偶然留下的一册《静安词》后，即兴于扉页上留下近四百字的题词，后即署"廿二年六月廿四日志于荠庵"几个字。

萝月斋与荠庵，同室异名，一文一野，一夜一昼，一清丽一素淡，萝月之大更显文雅静谧，荠菜之小反显温馨旷远，同其诗情，并臻美境。

二、夜漫漫斋

卢大爷在东四四条住了三载之后，从河北涿州老家接来妻儿，卜居北平西城安家，四条一号外院的南房闲置下来，从此改作父亲的书房。因“室北向，终日不能得日”，“遂又命之为‘夜漫漫斋”（《积木词·自序》）。藤萝离得远了，“更深独坐”之时，失去了“明月在天，枝影横地”的诗境，不过，诗人总是能于生活中发见、体味出诗的情味：“冬日酷寒”之际，“安炉爇火，乃若可居，而夜坐尤相宜，室狭小易暖故”，且“背临长巷，坐略久，叫卖赛梨萝卜、冰糖葫芦及硬面饽饽之声，络绎破空而至……”于是平易而不加藻饰的白描，直把我们引入深夜旧都的长巷深院，破空而至的清脆叫卖声，真是“此时有声胜无声”，别是一番静适、深沉、远离尘嚣的境界。

可能是夜漫漫斋的深渺宁适，父亲的心境里少了此前自嘲之所谓“剑拔弩张”之气，诗情也沉静恬适了下来。“自廿四年残腊迄廿五年新正”，他因小病而“坐夜漫漫斋里时益多”，遂将友人所赠《花间集》“取而读之”且“和之”，完成了一部新的词集——与以往“无病”“味辛”等集迥然不同的、全为和“花间”诸词人之作的《积木词》。父亲于“自序”之末特署“苦水自叙于旧都东城之夜漫漫斋。时墙外正有人叫卖葫芦冰糖也。”读词集至此，一声叫卖一下子把我们从创作氛围中拉回到夜漫漫斋那独有的艺术境界里。

此前，“苦水词人”之名已蜚声文坛，而父亲的研究著述则是始于夜漫漫斋。他首先选定的方向是元曲，据目前掌握的资料，他以讲义的形式印发给燕京大学学生的《元明清戏曲史》一部，完成于1935年之夜漫漫斋，由于未曾正式印行，今只存《戏文略说》等四节手稿。现今我手头尚存有当年北京大学所印《元明散曲选》讲义一册，父亲自1943年秋开始在北京大学兼课，主要讲授词曲，这册散曲选恰恰也是夜漫漫斋中的作品。

继戏曲史、散曲选之后，父亲在夜漫漫斋更写有一系列近二十篇研究元曲的论文，发表于1936～1937年间的《益世报·读书周刊》等数种报刊。在这一系列元曲论文中，有一册《夜漫漫斋读曲记》。说到此，不能不说到我儿时一段童稚的笑话。我识字很早，三四岁时也能认不少字；我是父母最小的女儿，从小有自行进入父亲书斋的"特许"，且在父亲休息时，可以稍稍抚弄一下他书桌上的小物件。也就是三四岁时，一天我看到父亲书桌上有一大叠写满了小字的纸，最上面的一张上写着"夜漫漫斋读曲记"几个较大的字，我在心里一个字一个字地去念，念到其中的"齋（斋）"字时，我误认作了"齊（齐）"，"夜漫漫'齐'读曲记"，我连念了两遍，竟记下了这个名目。过了不太长的时间，我知道了那个字该念"zhāi"，不是"齐"，可又不知这"斋"是什么意思，心里纳闷，什么叫"斋读曲"？为什么不是"齐读曲"——大家一块儿读，多好呢？由此，"夜漫漫斋读曲记"几个字就深深地印在了我的记忆里。弹指之间，半个世纪过去了，我已年近花甲，搜寻父亲的遗稿，在北京图书馆的报库，我查到了旧时报纸上的《夜漫漫斋读曲记·忠臣辅国》等两篇文章，深埋在记忆中的儿时旧事一下子鲜活地闪现在眼前，恍然悟到儿时所见的那一大叠写满了字的纸——夜漫漫斋读曲记——原来是父亲的一部书稿。明乎此，内心里油然生出一种豁然开朗的快慰；但随即我又陷入深深的思索与怅然：我儿时所见到的绝对是厚厚的一大叠，而今却只觅得了这总共三千余字的两个小节，设想，如果"读曲记"仅仅有今天所见之二则，值得父亲设上封面、冠以“夜漫漫斋读曲记”这么大的题目吗？父亲可是从来不肯哗众以取宠、危言以耸听的。那么其余绝大部分的文稿呢？想至此，我又深怨自己，父亲在世时，我为什么没把那“齐读曲”的事说给他听？如果说了，或许能引发父亲对这部文稿谈及一二，至少还可以使父亲稍一解颐吧！然而至今，我只有自处于深深的怅憾中了。

一系列的元曲论文之后，父亲治曲的兴致由研究转向了创作，在散曲创作与剧曲习作的基础上，1936 年整整一个冬天，父亲在夜漫漫斋，先是补足了萝月斋未曾完稿的《飞将军》，然后一口气谱成了三出杂剧——《再出家》《祝英台》《马郎妇》，每出杂剧后的跋语都注明完成于“旧都东城之夜漫漫斋”，四出杂剧结集印行为《苦水作剧》。付梓前书法大师沈尹默特为弟子题写书名，且题写了四帧供弟子选用，每帧后均特书“尹默为羡季题”，再加盖一方红色的小印章。

近年，因获得父亲辅大弟子刘在昭所珍存的老师的许多资料，知父亲冠“夜漫漫斋”之著，尚有“夜漫漫斋读玉溪生诗”，惜在昭学姊仅手录了其中第二节——“说义山之《落花》”，书稿全貌又成不可获知之谜。

夜漫漫斋偶亦署作“习堇庵”。1935 年父亲就读北大时的同学、朋友华钟彦的《花间集注》由商务印书馆印行，父亲为之作序署“河北顾随叙于旧京东城之习堇庵”。习堇，学业谫陋之谓也。如此具署，是在老友著作面前，表示一份尊重与谦逊之意。

三、习堇庵

四姐之燕、五姐之平和我都出生在东四四条一号院，父亲有六个女儿，一家八口居住在“勾连塔”式的五间北房里，显然有些拥挤，父亲租下了隆福寺街附近牛排子胡同三号的院落，规整的老北京四合院。外院南房也是五间，辟为父亲的书房。

搬进新居本来是一件喜事，然而，迁居的第二天——1937 年 7 月 7 日，发生了卢沟桥事变。从东四四条用排子车拉来的书籍资料还堆放在地板上没来得及安置，父亲就开始了逐册的翻拣。“九一八”之后，父亲购买了不少宣传、记述抗战的书籍、资料，此际，为了一家大小的安全，他不得不下狠心把它们拣出来，搁置一旁。入夜，三个大姊姊在里院中心挖了一个大土坑，把父亲拣出的书刊一本本投入土坑里焚烧。那时四姊刚刚五周岁，她至今还记得，那一晚烧书的火焰直蹿到一房多高，而且烧了好长时间，母亲领着她到大门外察看动静，她看到胡同里很安静，而耀眼的火焰已越过了高高的院墙。第二天清早起床，四姊发现里院当心儿出现了一个昨天不曾有的大花坛，潮湿的泥土上栽植着好多棵老百姓俗称为“臭芙蓉”的草花，好像昨天晚上什么事也不曾发生过。那一晚左邻右舍定然看到了三号院蹿起的火光，闻到了燃烧字纸的烟气，中国人是息息相通的，大家心照不宣，没有一个邻居故意来探询这里发生了什么事。从此，“夜漫漫斋”一名在父亲的书籍文稿中消逝，他的书斋沿用了往时偶一用之的“习堇”，我想，此时的习堇二字，已由对友人的诚谨化作了对祖国历史文化的虔敬与对国家民族的忠诚。

七七事变之后，父亲的老师、朋友、弟子陆陆续续一批批地离开了古都，奔向大后方。我们的卢大爷将家小安顿回涿州老家，与他的弟弟季韶于八九月间一同南下，而父亲却不克同行。那时，三位堂弟虽已中学毕业返回故乡，但胞弟宝谦已入辅仁大学美术系，师从溥雪斋等大师，全家九口人的生计全仗父亲一人的薪资所得，他无法脱卸对妻女幼弟的责任一同前行，内心的沉重和苦闷是可以想见的。每日除了去燕京大学——这块当时尚可称为“净土”的地方——或私立中法大学授课以外，唯有深隐于习堇庵潜心于祖国的历史文化中尚可得到一份深处故国的安定感。这时，他在习堇庵，首先完成了元曲辑佚校勘的著作《元明残剧八种》。父亲在引言中谓此数篇“讵敢谓一得之愚，有补于来学？不如谓为不作无益之事，何以遣有涯之生，尚足以自解也。”11 月 15 日，他在致好友卢伯屏的信中亦言“若非在此时期中，恐不能有此成绩”，曲折地向老友倾吐自己在非常时期完成此著的深衷。

与辑补元明杂剧几乎同时进行、唯完稿略迟的是诗作《和〈香奁集〉》四十三首。父亲于此非常时期专和韩偓，绝不是要借这位唯美派诗人的诗作求得暂时的精神解脱，而是由于他从韩偓的一些诗中见到对未来的“一种希冀”“一种追求”（《驼庵传诗录·唯美诗人韩冬郎》），故以古代诗歌比兴喻托的传统，以及“隐语”“双关”等手法，寄意对故国、故友的深切思恋和身陷敌占区对未来的希冀与追求。

父亲在习堇庵四年有余，其间诗作忧时念乱、思国伤己之情更为质直而沉痛。如七七事变后一月之《立秋口号》有句：“未成烽火连三月，已自鳞鸿断数州”，“数间老屋西风里，不戴南冠亦楚囚”。《夜饮》中有句“孤城悬绝地，百感搅中肠。托铲悲工部，挥戈泣鲁阳”等等，无不是浸透了血泪的诗章，于中可见父亲习堇庵时期内心经受的煎熬。

父亲在习堇庵有词作六十六首结集印行为《霰集词》。词作与上述诗章一样，直抒国土沦丧、忧时念乱、思国伤己之情怀，只因其为词，而情更绵密，语更婉美。父亲一生印行词集六种，仅此“霰集”一册，形制与他种不同，未采用老友冯至当年“太讲究”的设计装帧，只是小三十二开报纸本，两个小铁钉装订。国难时期，我想，这样的装帧恐怕不仅仅是因财力所限吧。

在牛排子胡同三号院，我从一岁长到五岁多，因而习堇庵在我的脑际已能留有大略的印象。习堇庵五间，中间的房门前有两三级石阶，石阶两侧沿房根辟了东西两条长长的花池，种着洁白如雪的玉簪花、明黄如金的夜来香和色彩艳丽的大朵西番莲，一年四季里倒有三季早早晚晚有盛开的花可看。父亲爱花，是大姊之秀为父亲栽植了这些花卉。四姊告诉我，迁居牛排子胡同的头一两年，每天晚饭后母亲收拾清了家务，都会抱着我到习堇庵陪父亲闲坐闲谈片刻。四姊之燕说，那时父亲的书桌上放着一件瓷制小玩器，是一个插名片的小插架，插架上有一个踢球的小孩。母亲把我抱到习堇庵，我就站在书桌旁静静地看那个踢球的小孩。父亲这时总是拿起毛笔在一张纸片上画一个踢球的小孩给我，我拿了画片就走回到母亲身边。父亲不会画画儿，四姊说那踢球的小孩画得并不好，但每天父亲都会给我画一个。后来我自己就能跑来跑去进出习堇庵了——我之发现“夜漫漫斋读曲记”当即在此时。我至今记得书斋里靠南墙是一大排高低不齐式样不一的大书架，摆满了一套套的线装史集、文集；还有几个有玻璃门的书橱，里面摆着很大本的书——后来知道那是碑帖、彩色硬皮的书——后来知道那是外文原版小说。书斋房门两侧是大玻璃窗，站在窗前可以欣赏到窗外阶下的鲜花。窗前有父亲的书桌——当时我觉得父亲的书桌真大啊，其实它只是一个“一头沉”，较之现今的写字台差得远了。桌前是一把有扶手的大藤椅，桌上除了正看的书籍、写成或正写着的文稿之外，最让我感兴趣的是几块形制各异——方形、圆形、刻有花纹的椭圆形——的大石砚；插着长长短短粗粗细细毛笔的笔筒；特别是那个双耳圆肚铜制的小水盂，水盂里半盂清水，插着一支弯把的小铜勺，勺把好像是一个鱼形的头，挂在水盂边，勺头只有指甲大小，沉在水盂中，这是父亲写字时，为磨墨往砚台里舀水用的。我常常是站在书桌旁，用小铜勺把盂中的水舀出来，再一滴滴地注回到水盂里，我玩得很专心，很细心，从来没有把水溅到水盂外，所以父母也从不制止我的游戏。待我再大一点（到了“倦驼庵”），就可以把水舀到砚台里，帮父亲磨墨了。

四、倦驼庵（上）

我家迁出牛排子胡同三号院，是在 1941 年 9 月下旬，新宅是地安门内碾儿胡同廿九号旁门。由繁华的东四一带迁至相对平民化的北城，显然是为了节省租金。北平沦陷已经四年，家庭的经济状况是日见拮据了。

碾儿胡同廿九号正门里是一座相当大的四合院，旁门是名副其实的“旁”门，这旁门在正门东侧，进了门是一条狭长的自南向北进伸的夹道，夹道西侧是正门房东家的大四合院，可以想见夹道绝不会太短，两侧的墙壁也不会太低。穿过这条夹道，走到尽头方才见到一个扁长形的院落，即正宅的后院。院内有坐北向南一排十间北房，正门大四合院北房的后墙就是旁门扁长院落的南墙。那北房后墙上开了一个后窗，四姊记得从那一扇后窗里有时传过来房东家大少爷不成腔调的歌声。我家住的后院北房带有长长的“老虎尾巴”，现在想来这“虎尾”定是原来一拉溜北房的后游廊改建而成。我不记得是哪一间房子的后墙上有一扇门可以通往那“老虎尾巴”，“老虎尾巴”里似是只有一个窗户，光线极其昏暗，大白天进去也要拧开电灯。四姊记得在“尾巴”的尽头处安有一个大澡盆，却没有上下水道。当时我年纪很小，只觉得这新家一切挺新鲜，及至离开那里愈久愈年长，回想起这个院落、房屋的形制，愈是觉得它有点怪异，甚至让人有点发怵。这一排北房大概房间比较小，父亲的许多书架只好排列在“老虎尾巴”里，这里就成了“藏书处”。父亲的书房先是安排在最东头两间独立的小北房里，大约是为了可以清静一点；不久又换到了大排房舍中的一间，定是因为单独的小北房对于到“藏书处”去翻拣查找书籍十分不便。

我家在这里只住了不到两年，父亲这一时期的词作曾辑为《倦驼庵词稿》，由是可知，迁出牛排子胡同之后，父亲的书斋就更名为“倦驼庵”了。细味“倦驼”二字，实是大有深衷。父亲一向看重骆驼坚毅耐劳的品格，埋头苦行的生命路程，以及它来往于大漠风沙、长城脚下之历史人文的沧桑内涵。早在1929年，父亲就填有一首调寄《贺新郎》的咏驼词：

又是寒冬矣。也颇思、村醪取暖，市楼买醉。踽踽行来举头见，一队明驼迤逦。爱他有些儿画意。曲项高峰肉蹄软，想来从大漠风沙里。一步步，几千里。　　庞然卧息长街内。又木然、似眠似醒，非悲非喜。偶一摇头铎铃响，声落虚空无际。有谁识、此君心理。万里长城曾见否，问凋零破败今馀几。驼不语，蹶然起。

于词见出父亲对驼的特殊情愫，以及他在驼的形象中所包蕴的哲理与禅理。再者，1935 年父亲的恩师沈尹默先生在读过弟子的《苦水诗存》后题诗相赠，中有“温驯出辛酸，平凡蕴奇恣。老驼秀发姿，稳踏千里地。颇与牛羊殊，无复水草意”之称赞。这可能是父亲钟情于驼的又一个原因。而此刻，父亲以“驼”命名自己的书斋却又特于前加一“倦”字，正是国难时期特殊环境、特殊心境之下，自身形象的写照。我想，这“倦驼”之中包含了父亲默默地耐受心力交瘁之痛，坚持操守、坚毅前行的深衷。（父亲晚年时以“驼庵”为名号，省去一个“倦”字，正是步入新时代精神心情的反映。）

父亲在倦驼庵的第一种作品是补足了前此未完稿的二折杂剧《馋秀才》。1941 年 10 月间，父亲用了一个晚上将 1933 年“冬间开始练习剧作时所写，当时只成曲词两折，便因事搁笔”的杂剧整理誊清，并补充了楔子与宾白。剧中写一个烹调手艺高超又嘴馋的秀才，宁肯潦倒到成天喝“白粥”（即玉米面粥，故乡方言，粥读轻音），住僧舍，教村学，也不为每月十两白银而去伺候县太爷。北平沦陷，父亲决不接受用敌伪津贴办学的伪北大的聘任，此刻将旧作补充完成，正是以此吐露自己身处清贫、坚持操守的心志。当时正值沈兼士、英千里等名教授组织抗日文化团体华北文协，编辑《辛巳文录》（1941年为农历辛巳年）宣传抗日，《馋秀才》一剧便刊于《辛巳文录》之初集。

1941年12月8日爆发了太平洋战争，燕京大学被日本侵略军强行封闭。转年1942年，在倦驼庵里，父亲创作的笔锋突然移向近十年不曾一涉足的小说阵地，修改、补充完成了中篇小说《佟二》，刊于当年4月的《辅仁文苑》第11、12期合刊。在小说中，父亲以他那滴血的笔，通过庄稼汉佟二一家的命运遭际，诉说中国人民的苦难，控诉日本侵略军惨无人道的兽行，张扬了中国人不屈的斗志。

我家搬到碾儿胡同时，我五周岁半，迁离时已七周岁，是小学生了。也许是因为这一年多里母亲曾因家事两次带我去天津小住，也许是在这个院落里居住时间虽短，倦驼庵却两易其室，总之，碾儿胡同的倦驼庵是什么样子，我竟没有任何印象，只有一件事，在我童稚的心里印下了永久清晰的记忆。那是一个严寒的冬日，一天晚饭后，母亲把院门屋门紧紧关闭，又严严地拉上窗帘，姊姊们围在饭桌旁，家里一片紧张气氛。这时父亲从倦驼庵里捧出了几大摞薄本的线装书放在桌子上，他什么话也没说，只见几个姊姊一本本地打开那些书，翻到其中一处，仔仔细细地把其中一页撕下来，连丝线装订处残剩的毛纸边也一点点抽净，然后母亲把这撕下的书页拿进倦驼庵，投进取暖火炉的炉膛里烧掉了。炉子上坐着水壶，燃着的纸把壶水催得呼嘟呼嘟响，烟顺着烟囱冒出去了，纸灰也不会飞到屋子里。全家人一句话没有地做着这一切，气氛是从不曾有过的严肃与沉重，一向胆小的我甚至有些害怕，站在一旁看了一会儿也和姊姊们一起撕了起来。大人们没有阻止我参加这工作，但这到底是干什么，我不明白，也没敢问。直到我长大一些能自己“翻”父亲的词集时，发现父亲的《留春词》都是缺一页的，方悟到这就是那一晚被撕的那本书。再到多少年以后，我得到老学长提供的全本《留春词》，方知晓当年那被撕去的一页上赫然谱有两首抗日的词——一首《满江红》，一首《踏莎行·为老兵送人出关杀敌赋》。父亲是燕京大学专任教师，为防范侵略者爪牙、特务的搜查，于是就有了书斋里的第二次“焚书”。

父亲在碾儿胡同倦驼庵，字课不辍，赋诗遣怀，所获亦颇丰，除日后辑为《倦驼庵诗稿》的三十五首外，尚有散存者二十余首。这时父亲以诗咏怀而词兴锐减，一年余的时光，今仅见词作十二首。

燕京大学被封闭，父亲失去了燕大的教职，也就失去了那里的固定薪资。在辅仁、中法、中国三所私立学校，父亲是兼任教师，只能拿“钟点费”，寒暑假没有工资，全家的经济状况更显拮据。1942 年暑期还没有到，父亲已托在天津的旧日弟子为他谋一份暑期临时的教职。用现在的话说，为了养家糊口，父亲要外出“打工”了。待暑假将临，母亲却得了甚为凶险的病症，父亲的“打工”计划未能实现，家里不得不靠举债暂渡难关。待母亲的病势稍一缓解，父亲为“筹划暑后职业问题，不得不外出奔走。以一倦驼而驰驱烈日暑风中”（1942 年 7 月 4 日致周汝昌书）。如此情景之下，碾儿胡同这虽不像样但毕竟还是独门独户的房子也交不起租金，只有另迁他处。从此父亲再没有租住过独门独院的房子。

五、倦驼庵（下）

进入1943年，卜居之事提上了父亲的生活日程；恰于此时，房东又要把房卖掉。4月份，我家选定了什刹海北沿南官坊口廿号外院的北房。此次迁居是要觅得一处租金便宜且离辅仁大学更近的地方，这样一来可以省下一部分房钱，二来父亲上下课可以步行往返，又省下一笔雇人力车的钱（这时父亲已是辅仁大学专任教授，差不多每天要到校授课）。南官坊口廿号后院住着房东一家，中院住了房客三家，外院南屋和东南方小跨院又各住了一家，加上我们家，即使不是大杂院，也是一个大门里七户人家合住，但它符合上面两个条件，父亲还是毫不犹豫地租了下来。

以前我只知道这里是一个什么王府之类的大宅子，直到数年前偶然在《今晚报》上看到一篇文章谈及南官坊口廿号，方知这里原来是清朝雍正皇帝的弟弟敦郡王府的祠堂。大门坐北向南，有高大宽敞的门洞，进门迎面有宽大的照壁，向西连着门洞是一排南房，南房对面才是原祠堂的正门，正门前左右分立两块长方形的上马石，与正门相连东西两侧各有三间朝房——王府祭祀时执事人员及后辈儿孙候祭的地方。而我家租住的正是这正门东西的各三间朝房。因为是朝房，间量相当大，而且建在高高的石阶之上，有整扇的大木窗，后人又加设的玻璃，因之室内高爽而明亮。搬进来后，两侧三间是我们姊妹的卧室、全家吃饭和活动的地方，又是储藏米面杂物之所，冬天还要兼作厨房。东侧三间是隔开的，第一间是父母的卧室，白天，我和两个小姊姊可以在这里嬉戏。第二间有开向院落的房门，作了父亲接待晤对友朋弟子的客厅，同时它又是父亲的藏书室，东西两侧靠墙排满了书架，房间正中摆放了一张藤制圆桌。每当父亲书写大幅卷页时，这张桌子就是书案，写成的字幅可以摆在地面上晾干，这里其实可以说是书斋的“副斋”。而没有客人、父亲又不从事临池之际，我和两个小姊姊又可以在这里做功课。间间房舍都称得上是微型的“多功能室”，唯独最东侧的一间只有唯一的功用——父亲的书斋。书斋里临窗是父亲的书桌，桌旁摆了两个便于随手取放书籍的低矮书架，三个玻璃门的书柜摆在书房一侧，靠后墙有一张单人床，供父亲午休或仰卧读书时用。这里依旧沿用碾儿胡同时“倦驼庵”的斋名，父亲一定是觉得没有哪两个字比“倦驼”更能代表自己了。

我家所住的这东西各三间朝房所面对的宽敞院落并不是方方正正的，因东南角隔出了一座小跨院，整个院落呈 L 形，因而院子东西两侧中央所植的两棵老槐树并不在一条水平线上。但两棵老树同样经历了悠久的岁月，树干粗约十围，西侧的一棵依然高高地挺立，东侧的一棵似乎顺应着地面的亏缺，主干已极度倾欹，靠了一个砌成的砖垛来支撑，顽强地存活下来，照旧枝叶繁密。春夏之交，大串大串雪白的槐花缀满在鲜绿鲜绿的枝叶间，满院弥散着槐的清香。槐花飘落时，地面真如铺上了片片不会溶化的雪花。盛夏之际，两侧挺立的古槐把大片的浓荫铺洒在开阔的院落里，一片阴凉，东侧的古槐因倾欹而把浓荫向两侧推布，父亲的书房客厅也映进一片油油的绿色；秋日的艳阳穿过日见稀疏的古槐枝叶把暖暖的秋阳射下宽敞的院落，更显天之高气之清；冬日呼啸的西北风把老槐的枯枝吹得呜呜作响，让你实实在在地感到古都的严寒。这里没有了牛排子胡同四合院规范的格局，也失去了碾儿胡同一家独院的单纯，却浑融了自然的质朴、平民的气息与岁月的沧桑，别是一番情调。尤其是这里的地理环境，称得上是绝佳，前临前海，背依后海，前海后海是老北京城里的自然胜境，给父亲苦难岁月中的心以不小的安慰。

父亲在这里一住六载，以至迁离时对这里“自多眷恋”。而我想，父亲的眷恋所生，除了这里的老屋古槐，前海后海，更有一番潜在的情愫——父亲在这六年之中，捱过了北平沦陷后期极其困苦的岁月，经历了十四年抗战终于胜利的欣喜，而且无论著述还是创作，都有极为丰硕的收获。

父亲在迁入南官坊口不久，1943 年的八九月，连续完成了他的两种词学专著——《稼轩词说》《东坡词说》。父亲在倦驼庵中撰著两“词说”的情景，由于他在“后记”与“后叙”中有所记述，而给我们后人留下了极可珍贵的影像：

> 自吾初著笔为此“说”，时在中伏，日长天暑，今虽立秋，仍在三伏，秋老虎之余烈，犹未稍减。吾之病躯虽较旧时为健，而苦思久坐，头之眩，腰之楚，亦屡屡迫我停笔卧床。至于挥汗如雨，倦目生花，可无道矣。
>
> ——《稼轩词说·词目后记》
>
> 苦水既说辛词竟，于是秋意转深，霖雨间作，其或晴时，凉风飒然。夙苦寒疾，至是转复不可聊赖。乃再取《东坡乐府》选而说之，姑以遣日。所幸事少身暇，进行弥速，凡旬有二日而卒业。

——《东坡词说·后叙》

于此我们不难看到一位学者进行学术创作（我将父亲撰著学术论文称之为学术创作）时的甘苦，也能体味出那甘苦背后文思泉涌时产生的精神快慰。1947 年，应弟子吴小如之请，“词说”连载于《天津民国日报》之副刊。那时，每隔几日就有一卷“日报”寄来，每次都是我坐在倦驼庵里，用母亲裁衣用的大剪刀把父亲的文章剪下来，再为他逐日贴在我用旧字纸背面装订的一个大本子上。

两“词说”完稿之后，父亲说词的“雄心转炽，拟取古来吾所谓佳作者而尽说之，是以继之而有大晏词之选目”，但各校相继开课，又加衰病侵寻，“一经搁置，便成冷灶”，“词说”一业竟未得赓续，以致他自己都连呼“可惜！可惜！”（引文均见致周汝昌书。）

这一个秋季，“词说”虽未得进行，但重阳前后一个月，父亲在课事之余、衰病之中、“痛苦忧患之际”（《濡露词·小记》）填得新词廿余首，辑为《濡露词》，并将前此二年之《倦驼庵词稿》附后，应弟子史树青之请而印行。集中的三十余首作品，无不深隐着对祖国的一片忠诚和对光明前景的坚贞期待。而集名为“濡露”，我想是取自杜诗“雨露之所濡，甘苦齐结实”，蕴意颇深。

在什刹海畔的倦驼庵，又可说是父亲诗歌创作的一个丰收期，尽管他自己并未结集，而今辑得的散见之作，已有一百五六十首之多，真如他平日所说：“每漫步什刹海畔，辄觉诗思泉涌。”

在迁入南官坊口之前，1942 年 1 月，父亲在碾儿胡同倦驼庵，以寒假的暇豫，敷衍《聊斋》中的《连琐》故事，拟谱成上下两本之杂剧，未及完稿各校开课，遂不得不停笔。生活在沦陷区，生活与精神的双重压力，父亲少暇时、无余力，缺乏触发创作激情的灵感，一停就是整整三年，直到1945年1月的各校寒假之期。那时，古都的冬天真是冷，我家的生活虽未至断炊，但父亲早已是"半年不吃肉边菜"(《解闷六绝句》)，用清苦二字概括绝不为过。每逢冬季来临，高大的朝房真成寒舍，西侧三间是打通的，只把做饭用的煤球炉从廊下移进屋里兼作取暖之用，室内寒气浸入肌骨；东侧三间都是隔开的，母亲只在倦驼庵里为父亲升起一个取暖用的火炉。恰好这一年父亲旧日弟子滕茂椿为老师送来一吨"大砟"(较一般硬煤易燃、火旺且无煤烟的高级取暖燃料)，倦驼庵里于是暖意融融。这不仅保护了父亲的病躯，且有助于父亲的研读。父亲在倦驼庵的暖意中，《游春记》一剧终于2月11日农历甲申除夕大功告竣，并于当年印行。

自1942年小说《佟二》写毕之后，父亲的心底一直涌动着小说创作的激情，然而"生活日艰，食不得肉，出不得车，虽不至捉襟而肘现，纳履而踵决，然亦馑矣"(1944年8月1日致周汝昌书)，至1944年暑期，中篇小说《无奇的传奇》(写成后更名为《乡村传奇——晚清时代牛店子的故事》)还只是开了一个头儿。直到抗战胜利后之次年，1946年暑假，虽是暑热长天，却无课事之累，父亲方在倦驼庵里，铺开大型红格稿纸，挥笔继续前此之胜业，终于在一个暑假中写讫。这一年的暑假我和四姊之燕、五姊之平过得真是开心，每隔一两天，父亲午睡茗饮之后就会把我们三个小女儿叫进倦驼庵里，给我们读他刚刚写成的一段小说。

我们三个十来岁的小女孩第一次成为父亲小说的第一听众，且是由父亲亲自朗诵。父亲多是斜倚在那张单人床上，我们三个搬了小板凳围坐在他的床旁，偶尔父亲会在“副斋”里坐在大藤椅上，我们三个也就大模大样地坐在平时为客人准备的那套母亲补了又补的破旧沙发上。我们是第一次听父亲给我们读他自己的小说（也是在这时，我才知道父亲这位大学教授原来还会写小说）。而前此一年，即抗战胜利、北平光复的那一个暑假，父亲一扫沦陷时期沉重的精神负荷，开始给我们三姊妹读小说。最先读的是《译文》刊物上鲁迅先生所译苏联作家班台莱耶夫的《表》，我们听得上了瘾，不仅小说动听，而且平时我们极少有机会和父亲凑得这么近，能围在他的膝下，还是在他的书斋里。透过父亲抑扬顿挫出神入化的朗诵，我们享受到的不仅仅是优秀的文学作品，更有浓浓醇醇的父爱。没有几天，小说读完了，因为父亲有着难得的抗战胜利带来的欣喜，我们就放肆地缠着他说还要听（这种“联合行动”在沦陷时期我们想都不曾想过），于是父亲再为我们读鲁迅的《故乡》《阿Q正传》《狂人日记》等。记得是听过《狂人日记》之后不几天，一次晚饭母亲做了一条鱼端上饭桌，让父亲趁热吃。听了母亲说的话，我瞪大了眼睛仿照父亲读《狂人日记》的声音对父亲说：“赶紧吃吧！”父亲脸上浮过一丝旁人不会觉察的会心的笑意，也随口说了句“赶紧吃吧”，弄得母亲好生奇怪。父亲的笑意录像般清晰地印在我的脑子里，我从中似是悟到了一种爱抚，一种鼓励。长大之后，我曾想，我之喜好文学、倾向于文学，父亲此时此刻会心的微笑对于我可能是他无意间播下的第一粒种子。这一点，当然是父亲始料未及的。话说远了，回到原地。父亲这时是给我们读他自己的小说了，作者即朗诵者，听者是他的三个小女儿，这情景自然与我们前一年听小说更有不同，诵者与聆者，父亲与女儿，双方意趣极浓，兴致极高，意兴遄飞。我想，这种享受不是一般孩子所能得到的，是稀有的、珍贵的、奢侈的享受。父亲的小说以故乡旧事为背景、为素材，以故乡的真人为原型，我们姊妹三人生在北京长在北京，从不知故乡是什么模样。父亲用了家乡话来朗诵，我们随着他的声音，似是一步步走近了晚清时代那穷乡僻壤的村庄，走进了"逐渐地洋溢起蓬勃的生气来"的农村旧历新年，也似乎约略领悟了一点那喧闹背后的冷寞与悲伤。小说于 1947 年 2 月修改订稿，发表于当年的文艺刊物《现代文录》。

1945 年暑假，父亲不仅给我们三姊妹读小说，还教会了我们打麻将。父亲认为"麻将是中国最艺术的发明，其趣味亦在创造"，打麻将"做牌"，就是享受这个"创造"艺术的过程。（见《〈文赋〉十一讲》）因而他在抗战终于胜利的日子里，有了空闲就带我们玩几圈麻将。这时，客厅中间的小藤桌就成了我们的"围竹"之所。我们三人和父亲一起玩得兴高采烈，在头上身上出了汗也不在意。每次母亲一手摇着扇子一手端着茶杯给父亲送茶水来，一进门都会大声说："哎呀呀！你们爷儿四个弄得满屋臭汗味儿！"跟着她就会给父亲拿来一条热毛巾，我们三个却全然不顾，连母亲递过来的小扇子也不接。

抗战胜利的兴奋与欣喜并没有在父亲心里停留多久，国民政府的专制统治、黑暗腐败、再燃内战烽火，使父亲因光复而生的兴奋变成失望、欣喜变成忧虑。他忧心国家的前途，深痛民族的灾难，却又自感无能为力。一天晚饭后——大约是 1947 年底或 1948 年初寒假期间，我又到父亲书房玩，父亲问我能不能给他找一张深色的纸。我回答："能呀！我做手工用的'电光纸'有好几种深颜色的呢!"父亲却说不要那种有亮光的，要厚一点、纸面粗一点的。我想到了我们常看着玩的一本厚厚的《辅仁年刊》，里面每一个单元之间都是用一张深色麻面的厚纸隔开，或蓝或绿或紫，就给父亲把"年刊"拿了来。父亲从中选定一张墨绿色的，让我裁下来，截成一个宽七八寸，高三四寸的扁长条幅，又让我去找大姊姊们要一根较粗的竹签，原来父亲是让我用来为他做成一面横幅的小旗。小旗很快做好了，父亲提笔蘸墨在小旗上写了"只图遮眼"四个字，再把小旗插在了书桌前的窗台上，坐在桌前，横幅的小旗正好挡住外望的视线。我当时还以为父亲定是为了遮挡透过玻璃窗射进来的刺眼的阳光，及至年龄稍长我才了然于父亲的深衷，他是借此挡住视线，一举双关，遮住外面的腐朽与黑暗，他再也不忍心去看那满目疮痍的祖国了。

也就是在 1947 年的春夏之交，父亲在倦驼庵开始了另一部著作的撰述——谈禅大著《揣籥录》。此缘于张中行先生主编佛学刊物《世间解》，他知道我父亲"是通禅的"，于是"大胆登门"约稿。在倦驼庵里，父亲留给张中行最初的印象是"身材较高，秀而雅，虽然年已半百，却一点没有老练世故的样子。"（张中行《负暄琐话·顾羡季》）约稿的事张先生本以为十之八九会碰壁，结果却出乎意料之外，父亲完全照请求的答应下来。于是从这一年的 6 月下旬起，父亲逐月如约为刊物撰稿，张中行先生逐月按时来倦驼庵取稿，《世间解》则每期连续刊登。一年多的时间里，父亲共写了十有二章，而撰写最后两章之时，我家已迁出南官坊口，搬入另一处新寓所。因之这十二章的篇末，父亲只署了“后海之前”，而没有像先前一样，署以“前海之后，后海之前”。

六、两三竿竹庵（竹庵）

黎明前的北平，一家人的生计愈来愈难以维持。父亲多校兼课，每周上课十八节，但日益窘迫的生活境况已使他无力来支付每月房屋的租金，他不得不向辅仁大学校方开口，要求学校来解决一家人的住房，这是父亲一生第一次也是唯一一次向任职的校方提出个人生活起居上的要求。1948 年 10 月 30 日，我家住进辅仁大学安排的学校附近的校产李广桥西街（今柳荫街）八号（恭王府花园对门）的住房。这是一座小小的四合院，由我家和辅大经济系魏重庆教授一家合住。我家住北房五间、东房三间。北房三明两暗，中间一间作为客厅，同时是书斋的“副斋”，最东头小耳房是父母的卧室，客厅与卧房之间的一间是父亲的书斋。书斋、副斋仍依南官坊口倦驼庵旧制，唯民居比不得朝房，它低矮狭窄，十来个书架书橱分列两侧，书斋、副斋的空间顿觉局蹙。

外院西南角有竹两丛，父亲因之将书斋定名为“两三竿竹庵”。当时的古都北平正处于黎明前最黑暗的时刻，而且父亲已穷到交不起房租，何以竟能有如此雅兴予书斋以如此雅号？而且父亲最初对这新寓所甚不适应，他在信中向弟子周汝昌诉说，“自来此间，诸多不惯，又距街太近，货声车声，人语犬吠，坐卧皆来相扰；况屋宇逼仄，周检无地，殊少佳趣”，唯一可人处只是“可以不忧催租”。而且我印象中的那两丛竹子，实在是稀疏得可怜，远不如南官坊口院落中两棵老槐之古朴而且气派。我曾想，或许父亲是取竹之挺立不屈的气节？但此已不是沦陷时期。直到 1990 年我意外地获得了父亲这一时期的日记，才恍然了悟于定名的深意。父亲在迁入新居不久 11 月 18 日的日记中有这样几句：“久不为诗作，偶得一联，曰：‘一二寸鱼那可得，两三竿竹不堪看。’亦懒于凑成一首七律也。新寓有竹两丛，故第二句云尔。”那么“两三竿竹庵”这看来清雅闲适甚至疑似飘然世外的斋名，其实没有一丝一毫旧文人的风雅甚至清高，实在有一种“歇后”的意味，真实寓意即在那“不堪看”三字上。联想及上一节“只图遮眼”的小纸旗，真乃苦心深意，异曲同工，是对当时黑暗现实曲笔的鞭笞与抗争。

待到四年之后（1952），父亲一场大病新愈，说来也巧，那丛竹子也生长得茂密青翠起来；其时又正逢万象更新的建国初期，父亲的心情恰如东坡词所言之“谁道人生无再少，门前流水尚能西”，他没有完全废弃“两三竿竹庵”之书斋名，只是略去了前三字，而直书为“竹庵”。我想，这“竹庵”两字早已赋予了新意，成为美好的全新的生命力的赞颂——这当然是后话了。

父亲迁入新寓，书籍资料稍稍安排停当，在对新书斋的环境还感到诸多不便的情况下，就展开稿纸着手《揣籥录》末后两章的撰著。待到 12 月 11 日全稿告竣之际，古都古老凝重的城墙内，已经听到了解放战争的炮声。

这一年辅仁大学提前于圣诞节后放寒假，而于 1949 开年另设“讲习班”，父亲在讲习班上开“韵文常识”一课（后依禅家名词改课名为“韵文普说”），为此他撰写了正式讲稿两万余字。文稿撰著之初，正是北平临解放时的混乱日子，待文稿写至结尾，解放大军已入城矣。父亲在日记中逐日记述了黎明前的黑暗时刻他在两三竿竹庵中写作“普说”的情况，以下略摘数则，以见时代的印迹以及两三竿竹庵中的境况：

1948年1月5日，“‘韵文常识’，只有采取讲演式。……拟于堂下写妥讲稿堂上宣读，如此不独讲时较有系统，且可练习作文也。起来茗点后即着手，然进行颇迟。……”

7日，晨起“茗点后续写讲稿，得两页。午饭后小睡不香，……起来至学校附近散步，……购得苏格兰牌纸烟一包，价十七元，较昨日涨三元，甚至有索廿元者，知物价仍在续涨耳。归来茗饮后仍写讲稿，至暮才得一页，觉心脏又簌簌作跳。”

14日，“茗点后自读写得者一过，觉尚不空洞，文辞间有不妥处即随手改定。……苏格兰烟每包廿枝，价廿八元矣。”

19日，“茗点后续写讲稿，心仍簌簌作跳。至第廿六页，毕第二讲。近午有兵士借火做饭，亦只有听之。”

20日，“今日大寒节，只轻阴而无风雪，其真象征和平之将至耶？……茗点后继续写稿，兴致极好，但体力苦不充足耳。下午小睡起来，正写稿（写毕卅一页）而保中人来催出伕，言语决裂，几成僵局。……心跳大作，……晚间殆真病也。”

25日，“九时至校授讲习班课一小时。……归来有兵士来觅房，……磋商许久始去；仍谓如别处觅不得还须来此打搅云。薄暮正写稿，果然又至，妻与之磋商而不得解决，谓将明日来，稿亦不复能下笔矣。（写毕第卅九页）”

26 日，“黎明卧床上，听墙外军士晨操喝号似只有一队，耳根清净多多矣。……午后小憩起来之后，甚无聊赖，遂复续写，得两页（写毕第四十一页）。薄暮又有兵士来觅房，遣之不得，强令为腾出一间。与魏君商酌，为腾外院门房一间，尚不知能敷衍过去否也？”

2 日 2 日，“今日晚间又有电灯，饭后写毕讲稿，计共得四十八页，字数亦逾两万。草草劳人，苦无佳趣，得此真可以自豪且自慰者矣。”

我之所以不惜篇幅摘引胪列如上日记，是因为父亲一生教书之余笔耕不辍，但几乎是所有的作品我们都不能了然于他写作时详细的生活状况以及创作进行的状况。像《韵文普说》这样逐日记述写作进展及写作感受的是唯一的一种。父亲大半生未逢太平盛世，虽历经生活磨难，但像撰著《韵文普说》的廿余日里所经历的一切还是平生所未曾有，物价飞涨、病痛折磨权且不说，时而警局催派出夫，时而兵士借火做饭，甚而至于强占房舍，两三竿竹庵的生活真“不堪看”！如若不是黑夜行将退去，东方已现晨曦，父亲在精神上、心理上是无论如何承受不了如此这般的恶性“轰炸”；如果没有对教坛事业的执着，对中华文化的忠诚，于此混乱之际，也无论如何写不出两万余字“自豪且自慰”的学术专著。不幸的是这一产生于特殊时刻极具学术价值的著作却不知散落何处，空留它的撰著过程令后辈学人备感痛心与怅憾。

下面换一段轻松一点的话头吧：

父亲住在恭王府对门这个新寓所，渐渐地习惯了这里的一切，“居室虽狭小，然每逢晴和，阳光满室，窗明几净，亦至可喜”，尤其是“后海之前”的地理位置，午后无课散策于后海之畔，自然胜境尤为可赏，给干枯的现实以大自然的滋润：

> 后海景物胜于前海，早有定评。日前薄暮，出立海岸，北望烟波夕霭中，见北岸灯火数点，有如江南渔村，北地甚少见，况复在大城中耶？（1948 年 11 月 23 日致周汝昌书）

北平解放以后，父亲任课之余暇，在两三竿竹庵以极高的兴致阅读了大量的新书，文学的、历史的、哲学的、政治的、英文的、翻译的，这些书是随着北平的解放进入北平的。父亲绝非走马观花式的浏览，更不是随手翻阅，他认真地阅读，有的甚至读了两遍；他以探寻的目光汲取新的营养，感到极大兴趣，获取甚多收益。他读书所得的新鲜感受，在日记中可见到十余处。尽管他当时读的那些书在今天有的可能已失去价值，但他那种如饥似渴的阅读，在刚刚“解放”了的知识分子、特别是研究古代文化的老知识分子中可能是较为罕见的，这让我们看到衰疲病弱的老学者步入新时代的步伐竟是如此矫健。

父亲太劳累了，毕竟年过半百，毕竟长年患病，尤其是这一年四五月间他被推举担任行政职务之后，以一书生，既没有工作经验，又缺乏组织领导能力，他只是以对事业的赤诚努力工作着。

终于病象日益严重，终于病体不能支撑。9月，父亲住进中和医院，出院后至12月初，病势益发凶险再至中和医院抢救，此后病势虽缓解却不得不继续治疗休养，中断了几十年来研读著述的书斋生活，日日延医求药，三载之间，书斋遂成病室。直至1952年春间，父亲的病体稍见痊可，为了恢复体力与脑力，他在书斋里首先恢复了临池的日课，校点评注了元代《邓文原章草真迹》帖，进而撰著了《章草系说》。是年9月间开始了诗词创作，遂有《竹庵新稿》一卷。

可以工作了，他开始考虑再度出山，再执教鞭。于是告别“竹庵”，有了一生中第三次天津之行。

七、顾随书房

1953年春，父亲应天津师范学院（河北大学前身）之请，于6月18日离开了寓居廿余年的古都，赴津重掌教坛。天津师院校园内第二宿舍楼下是他的寓所，他有一间约四十平米高爽干燥、阳光充足、装有暖气、铺设木制地板的书斋。父亲没有为有生以来这最后一间、也是条件最好的一间书斋定名，只在刚刚迁入的时候，为了学校办事人员与来访者的方便，而在书房的门框上贴了一张名片大小的卡片，上面毛笔书写了“顾随书房”四个字。那时，他是以为给书斋定名是旧文人的旧习应该改掉呢，还是以为××斋、××庵的名号在新时代的大学校园里不相协调呢……总之是没有了斋名。

第二宿舍是西式的小洋楼，所以这间“顾随书房”并不是普通的长方形，而是一个六边形。书房内相向的两面墙前摆放着大排书橱书架；迎门的大窗前安置了一个从校方借来用的大书桌；斜面的窗下是从北京拉来的布面旧沙发和一个小茶几——这里就成了父亲接待客人学生的地方。室内的空间还相当大，旧日那张圆形小藤桌放在了大排书架前，周围几把小藤椅，这里有时会成为古典文学小组开会研讨或者父亲教学讲座的地方。靠房门一侧安放了一张学校借用的小铁床，父亲每天在这里午休。二宿舍楼下另有一间二三十平米的房间用为起居室，也有两扇大窗，旧日所用的那个“一头沉”书桌置于窗前。父亲也时时在这里看书、写作。

窗外两三米远就是院墙，墙外是浦口道，“马路两旁，对植着高高矮矮、大大小小的树”，父亲是诗人，他在萝月斋描述过藤萝，在夜漫漫斋描述过孤独深巷的静夜……在校园内的“顾随书房”，他描写窗前墙外的槐树，且更富诗情画意：

> 宿舍墙外的马路上有一棵特别高大的槐树。它的枝叶越过了墙头，遮阴了墙内的隙地，一直伸展到我的窗前。春末夏初时，每逢我伏案工作告一段落，端起一碗茶，或点上一支烟，一抬头便看见铁青的虬枝上，抽出了嫩绿的新芽，长满了乌黑油亮的叶子。这使我想起小时读过的宋人的一句诗：“槐夏午阴清。”待到夏末花开，我又想起我的一位老师的词：“门外槐花金布地。”

他还想到在故乡，人们采了嫩槐叶来做“菜豆腐”（又称“小豆腐”，至今是清河名小吃），或加上一点盐捏作“窝头”，以致想着想着就想吃那豆腐和窝头了。（顾随《槐蚕》）唐代，两侧密植高槐的道路称“槐衙”；宋代，学士院中有“槐厅”，如若依旧例为“顾随书房”订名，我想，当是“槐庵”或“槐斋”吧。

父亲在天津教书的七年间，开了九门课，门门都有自编的讲义及至讲稿，他在书房里备讲的时间大大多于在讲堂上授课的时间。父亲晚年在天津所写的学术文章亦不算少，除了公开发表的以外，“其多年的积学深思之未宣者”，写在给弟子周汝昌的书信中，“‘变成’了整篇的论学研文说艺的长篇论文”。（周汝昌《怀念先师顾随先生》）在“顾随书房”，父亲不曾停下他诗词创作的如椽之笔。1956年1月，他将1952年以来的词作遴选编订为《闻角词》。他连续以“述堂近稿”之名将近作抄寄弟子周汝昌，即事述怀、寄景抒情，时时有作。应报刊催请所赋之“急就章”亦不在少数。散文亦偶有所作，只是小说再无染指。

书房是读书之所，父亲一生离不开书。为教书，他需要读书；为了“进步”，他需要读书；甚至为了消遣，他也需要读书。读书是他一生之需要、之必须。我其实是个没什么头脑的人，我从小就看见父亲读书，但他在读什么书，我从来没有在意过。但在“顾随书房”，他读的两种书引起了我的注意：一种是从学校图书馆借来的线装大本成套的佛经，多年后我才知道，那是为了开设“佛典文学”一课而读的；另一种是多年来都摆放在书房一个书架上的精装原版英文小说和文学理论，父亲读过这些书往往是在写作累了的时候或十分闲暇的时候，这使我惊讶于父亲那么“老”了，还能读外文原版书，也让我想到，在新中国，没有了生活的后顾之忧，他才有可能重温英文原著，在艺术享受之中更得以回味自己已逝的青春岁月。

如果有人问我，顾随一生最后读的是什么书，我可以肯定滴回答：有案可查，稼轩词是也。一册30年代由“辛社”印行的平装小三十二开《稼轩长短句》上，留有他阅读的手迹。

父亲不会料到，他留在稼轩祠上的笔记竟成了他的绝笔。前此三个月，1959年12月中旬，父亲致书周汝昌，言“明年夏是述堂与山妻结四十年纪念，又，不佞教龄亦整整四十年。马齿加长，事业无成，惟愚夫妇白首齐眉，可自慰且慰诸友好耳。”快慰之情充溢于行间字里。但进入1960年春季，父亲重病不起病势日益沉重不得稍解，夏季结婚四十年与执教四十年两桩大事，本意是与家人、亲友、弟子共度，但沉疴在身，整日处于昏迷状态，施救尚且不及，那里还想得到欢度呢！

1960年9月6日下午4时，在设于“顾随书房”的病榻上安然睡去，走完了他六十四年的生命里程。书斋是他最后的归所。

2005年元旦后起笔，“5·1”长假改后誊清

2016年5月补订

2017年2月校改

父亲的诗词创作*

顾之京

我不搞创作，教书也没有教创作论，若从创作实践本身和创作理论这方面来说，我真的是外行。今天就来讲讲我的父亲顾随。我先介绍我父亲这个人，让大家先对他有一个初步的了解；然后结合诗歌创作，结合他的作品，给大家说一说有关创作的问题。在我谈话之前，我先用我父亲在他的课堂上所说的几句话，作为今天这个谈话的开场词。

我父亲在20世纪40年代讲《中庸》的时候，说过这样的话："一种学问，总要和人之生命、生活发生关系。凡讲学的若成为一种口号（或一集团），则即变为一种偶像，失去其原有之意义与生命。""一种学问"，指中国传统的文化，国学；这里所谓"口号"，即当今所谓教条；"集团"，指的就是宗派；所谓"偶像"，即没有生命的木偶、纸扎人。倘若如此，无论所讲的"学问"还是讲授者本人，都失去了他原有的意义与生命。尽管这段话是他作为教师对于他所传达的学问而言，但事实上，这样的见地对于文学创作和治学、对其他各项事业来说，都同样适用。只要是一种学问，是一定与人的生命和人生发生直接关系的。倘非如此，就创作而言，作品则空洞无物，大话、空话，或沦为模仿，模仿所崇拜的

---

* 据作者2015年5月在河北省作协的一次谈话整理，2016年5月经本人改定。

偶像，或模仿某个作家、诗人。这样的模仿，也就进入人家的“集团”当中，无法跳脱出其套路。这样的创作是僵化的，没有生命，也就失去意义。这段话代表了我父亲的一种人生态度以及事业准则。他是一个非常热爱生命、热爱人生的人，他对他所从事的一切事业都本着这样一个跟人生、人的社会生活有着密切关系的原则来进行。因此，他在诗的创作中，曾明确地说，“诗是人生、人世、人事的反映”。总括他创作的文艺思想，就是为人生的艺术。这种观点在他的文章和课堂上都曾明确提出过。

下面我对我的父亲顾随这个人做一个比较概括的介绍吧。

他是道地的河北作家，出生于清河县，最后的工作岗位是河北大学，当时在天津，当时的天津是河北省会，他还是河北省人大代表。对于河北这块地域而言，可谓生于斯，老于斯。他应该算作现代文学史上的一位作家，他的创作、研究以及教学成就的辉煌时期在20世纪三四十年代。我父亲作为作家学者的一生，可由几个“最”字来总括。

首先，他有着最平凡的人生历程。五周岁时即入家塾，十岁时入清河县高等小学堂，后考入永年县广平府中学，又读北京大学，直到1920年大学毕业，此后一直执教至1960年去世。因此，他一生平凡普通，从未离开过学校。作为学者，他主要研究中国古典文学，即传统文化，其国学功底主要源自家学与自学。1915年我父亲考大学时，报考北大国文系，希望在国学方面继续深造。没想到，他的考卷惊动了主考官，甚至惊动了校长。校方认为他国学功底深厚，再学国文系已不可能有更大突破，建议改学英文。于是，他先去了天津的北洋大学，读了两年英语预科。这段插曲是他平凡的读书生涯中，较为特殊的一段经历，这无形中对他以后的治学道路以及创作与学术的成就，都起了决定性的作用。既有国学基础，又有西洋文学的滋养，使得他在创作、研究和教学中都能贯通古今、融汇中外。

他虽然终生从事教育，但一生最向往的，是成为一名作家。我父亲自幼喜欢读小说，十五岁时就渴望成为一个小说家。这样一个作家愿望一直伴随到他生命的晚年。50 年代，新中国成立了作家协会，他被吸收为作家协会的会员。我父亲一辈子不愿意参加任何组织，唯独这次，分外高兴，不无天真地对我说："这个我高兴。我一辈子就想当作家，现在是作协会员，我就真是作家了。"

父亲最早发表的作品是商务印书馆编订的《中学生》杂志上的四首诗歌，出版社在上海。每篇作品皆署有校名和学生姓名，那是 1913 年，他还是一位在河北永年广平府读书的乡下的中学生，只有十六岁。

最早在文坛上使他享有盛誉的是词。1927 年、1928 年，他连续印了两种词集《无病词》《味辛词》，这时他刚过而立之年。这两种词集是由北大出版部印刷，好友冯至为其设计。虽非公开发售，词集却在当时引起广泛关注。1929 年春，他还是天津女师的一名普通教员，《大公报》文学副刊发表整版文章，对这两种词集进行评论，作者即年长我父亲三岁的著名学者、作家吴宓，当时他在文学界已享有相当地位。这篇不吝笔墨给予高度评价的文章，即使以今日的眼光来看，也毫不过时。在 1990 年，我父亲去世三十周年的纪念会上，周汝昌先生就说过，在 20 年代后期的北方，提起“苦水词人”，已是无人不知无人不晓。最近发现的吴宓先生在《大公报》发表的整版评论进一步印证了汝昌先生的说法。父亲的老师沈尹默先生早在1927年就见到了弟子呈上的《无病词》，他在燕京大学的课堂上评之为“佳作”。不久，尹默先生将弟子引入燕京大学做教师，为其日后成为学者、教授、研究家开启了道路。

以我个人的认识，在中国历代的文学发展史来看，我父亲最重要的贡献是曲作。我是从时间上来考察的。他在诗词、小说、散文之外，也写杂剧。这种艺术形式在元代之后即已渐趋没落。明清时代杂剧很少，成就也不高。民国时期几乎已经没有人来写。南京有一位吴梅先生写过杂剧，但吴梅先生比我父亲年长十几岁，过世时间也较我父亲早二十几年。从这样一个杂剧创作的时代来看，我父亲是中国文学史上迄今为止最后一位杂剧作家。到目前为止，没有人再创作杂剧，今后恐怕也很难再有了。至于其杂剧成就我不敢评价，而他的传法弟子叶嘉莹先生对老师杂剧创作写有长篇论文《〈苦水作剧〉在中国戏曲史上空前绝后的成就》，肯定老师的成就是“空前绝后”，在杂剧创作的内容、思想，以至在杂剧艺术的表现上，都超过了前代杂剧作家。叶嘉莹先生说，王国维先生曾有过杂剧创作的想法，即把一种新的理念输入到中国旧的、传统的杂剧形式当中，但王国维先生仅仅是有过这样的想法，并未实现，而我父亲做成了，创作成就堪称空前绝后；他在杂剧当中所反映的一些思想，与西方文学创作观念都是相通的，他把一些哲学理念通过杂剧形式反映出来，甚至超过了西方戏剧几十年。叶嘉莹先生的论述完全从学术角度出发，也让我受到很大教益，因为我只能从其创作的时代来判断，至于成就，叶先生做出了权威的论述。所以，我认为，在整个中国文学史上，我父亲最有价值的创作，即最高成就表现在杂剧创作上，尽管对这一点，现在研究的人还很少。整个古典文学研究当中，剧曲创作的研究是相对较薄弱的，更何况是对于一个现代人的杂剧创作的研究。虽然如此，事实证明，父亲在杂剧创作方面，对于中国文学史的贡献，是客观存在。

从作家来说，最难得的是他多方面的成就：传统形式的、旧体的诗词曲，曲又包括散曲、杂剧。他创作出了六部杂剧，八本词集，还有未收入词集的。诗也是如此，数本诗集，集外诗则更多些。这些都是旧体创作。就其新体创作而言，比如小说创作，很早期的短篇小说《失踪》，被鲁迅先生选入《新文学大系》。后来还有很多篇小说都有着浓厚的中国北方乡土气息，这与他少年时期家乡的农村生活有着密切关系。他有一个中篇小说《佟二》，写到抗日战争时期人们对于日本侵略者的反抗。新体散文也有，书信保留下来的更多。

文学创作之外，他一生从事教学，教师这种职业从本质上说，就是一种无私奉献的职业。而就我父亲的教学生涯而言，他的幸运就在于教出了很多好学生。如叶嘉莹、周汝昌、史树青、郭预衡、朱家溍、颜一烟、吴晓铃、吴小如、欧阳中石，等等，他们在我们国家各个领域都是顶尖人物，且在国际上享有盛誉。这源于父亲对于学问、本领的传承有一种非常好的、过人的见识，认为老师一定要让学生超过自己，才能使学问得以发扬。他吸收了佛家的一些积极的观点。对于传承，佛家有一种格言式的说法：

“见与师齐，减师半德；见过于师，方堪传授。”在给弟子叶嘉莹的信中，他鼓励自己的学生，不要囿于老师的传授，而要“别有开发，能自建树”。他获益于西方文学，也劝导学生学习“蟹形文字”，即西方文学。具有如此超拔、开阔的胸襟与识见，培养出众多有成就的学生也就不足为怪了。1960 年，父亲去世。1966 年“文化大革命”中，他的学问几乎被湮没为零。经过这些年，特别是经传法弟子叶嘉莹及其他弟子、再传弟子的多方努力，以及新时期改革开放的大好形势，父亲的学术形象逐渐得以重新树立。如果没有这些有成就的学生，他可能早已被遗忘了。我们常说“生以师名”，但我父亲恰恰在他的身后，是“师以生名”。

父亲一生于创作、研究涉猎广泛，研究古典诗词小说，也研究现代小说；搞翻译，直到晚年笔译都没问题；同时，他还是书法家；还研究佛学，是一个禅学家。他对佛学的研究，不是从宗教的角度，不是从信仰的角度，而是从人生、哲学、从佛学与文学的关系等角度。

生活中的父亲是一个最平凡的人，有平凡人的喜怒哀乐。在我的祖父祖母面前，是好儿子；妻子面前，是好丈夫；六个女儿面前，是好父亲；在学生面前，是好老师。同时，他有很多要好的师友，如沈尹默、沈兼士、周作人、冯至、杨晦以及卢伯屏、卢季韶兄弟等。他素常喜欢看小说、听戏；大学时学会打麻将，抗战胜利的 1945 年暑假，他同我们三个小姊妹一同“围竹”；喜欢赏花、看月；喜欢运动，打乒乓，看足球，泅水等，与旁人无异；还特别喜欢美食。可以说，他是一个珍视人生、热爱人生的平凡人。

作为诗人、作家，父亲认为凡文学都是有生命的，作品都是作家本人的表现，都有作者的生命、精神包含其中。在他看来，文学创作的首要标准是“诚”。《毛诗》中有：“在心为志，发言为诗”；《周易》中有：“修辞立其诚”；《中庸》又有“不诚无物”——“诚”是创作之根本。

父亲讲文学作品，提出“知、觉、情”这三个要素。

详细说来，“知”是作品所要表现的思想，“觉”是真切的感觉，此外还要有“情”。这些恰恰是前面所讲的“诚”所包括的。“诚”包括真实的思想、真切的感觉、真挚的情感。也就是一个作家对于生命、生活，对于人世所产生的最直接的一种感觉，这也就是我们现在所说的“文学反映生活”。

对此，我父亲在课堂上举过一个例子。30 年代，某军阀下野后，模仿陶渊明写起了隐逸诗。父亲说，他还不如去写杀人放火的诗，至少有几句真话，有真切的体验。他还举了一个有趣的例子对应说明。他见过有个小乡村酒店门口有这样一副对联：“进店来三杯醉也；出门去一路歪邪。”对仗极好，特别是末尾的“邪”字，用得极巧，既可作为语气词对应“也”，同时，又通“斜”，颇有生趣。他说另有一副联也不错：“刘伶问道何处好；李白答曰此地佳。”借古人宣传自己，有生活情趣，但不及前面一联生动——有喝酒的真实感觉，有对酒的喜爱，也有卖酒人对酒的自喜与夸耀包藏其中。所以，父亲在讲课中不止一次提及人们常说的两句，“月黑杀人夜，风高放火天”，与其模仿他人惺惺作态地写隐逸诗，倒不如实打实去写杀人放火，至少有一种真的感觉，真的情感。

他也举过这样一个古代笑话：有人作诗呈给上司，诗中写道，“舍弟江南殁，家兄塞北亡”。上司读到后，万分同情此人不幸之遭遇。这个人很尴尬地说：事实不是这样，我因凑不够（百）韵，只好写了这样两句。显然，虚假的作品是站不住的。文学作品需要真的情感，真的思想，这只能从真的生活中产生。

就创作而说，父亲也举过古人的例子。如江淹有名的《别赋》：“春草碧色，春水渌波。送君南浦，伤如之何。”渌波，即清波，春草碧绿，春水泛着清波，如此美好的春日景色中，将要送别朋友，内心非常悲伤。这就是诗话中所谓“以乐景写哀，以哀景写乐，一倍增其哀乐。”（王夫之《姜斋诗话》）江淹确实有过春日送别的经历，他感受到春草的碧色、春水的渌波，却面对着与友人离别的现实境况。古人写的是大自然在他内心真实泛出的感受，后来人写诗，每至离别，脑海中先就泛出江淹的句子，是对于古人的再现和模仿，没有自己的切身感受，自然落了下乘。

父亲也写过离别的词，如《浣溪纱》：“南浦送君才几日，东家窥玉已三年。嫌它新月似眉弯。”“南浦送君”用了江淹的赋，“东家窥玉”是化用了宋玉的典故，而此处他另有深衷。这篇作品写于40年代初期，时值1937年“七七事变”之后，很多师友和学生都投奔大后方和解放区，父亲因家小之累，只能困居沦陷的北平。他时常为此感伤，很多情感无法明言，只能借用古人的典故来抒发个人情怀。“东家窥玉已三年”，源出自宋玉《登徒子好色赋》，说的是东家有一个非常漂亮的女孩子，那个女孩子十分爱慕他，每天隔着墙头偷偷看他。此处用典，有其特定含义。宋玉下面说，尽管那女孩子时常偷看他，“吾终不许也”，到底没有答应她。此处,“东家”暗指中国东边的日本,“窥玉”指其觊觎中国领土已久。对于这种侵略行为,我们中国人终究是不会答应的。这才是父亲想要表达的真实思想感情。最后一句“嫌它新月似眉弯”则显示出其纤细、敏锐的情感。“新月”像弯弯的眉毛,原是很美的天象。父亲原本就喜欢看月亮,但此处,一个“嫌”字,乃怪罪的意思。怪罪什么呢?怪罪新月,面对我们国土沦丧的危险处境,你怎么还能只顾美丽呢,怎么就不能懂得、顾及、分担我们的一腔悲愤呢?这才是在那个特殊的时代里,父亲内心独有的一种真实情感。

“真实的思想,真切的感觉,真挚的情感”,说的无非是无伪。可仅有“无伪”还是不够,文学作品还要“无邪”,即孔夫子所言之“《诗》三百,一言以蔽之,曰:思无邪”,即思要正。我父亲讲课时也提到一个虽然有“真”,但是不“正”的例子:“本庄欲满清平,打出两张一万。”表面上看,这是一副麻将联,本庄家要满贯、清一色、平和,打出两张一万的牌,其实,是有着特殊的时代背景的。这副对联是“九一八”事变后,东北一个无耻文人所拟的上联,登在报纸上征求下联。结合背景来看,是日本侵略军头子本庄繁,想要满洲清平,就打出了“两张”(张作霖父子)“一万”(万福麟)。这副上联的意思是说,日本人要“满洲国”的清静平和,将张作霖等人赶跑,这无疑是向日本人谄媚。我父亲在课堂上说,这样的对联,“既无韵质,也无风趣,还配上纸片子(报纸)?”他这是在暗地里骂汉奸。尽管他没有明言,但学生们都理解其意。这样的对联倒不失其本人心意之“真”,为给日本侵略者歌功颂德,涂脂抹粉,不惜丧失了中国人的良心;因思“不正”，故而只能遭人唾弃。

说到真，说到无伪，这里涉及到关于真实的问题——文学的真实。文学作品的“诚”与文学创作中的“虚构”，是不是矛盾的呢？对于这个问题，父亲是这样说的：“文学是允许说谎话的。”他以经典为例来说明这个问题，如先秦诸子的寓言，就故事本身而言，是假的，可表现的却是一种真实的思想。他也说到佛经，佛在讲经的时候，也要讲故事，如《百喻经》，有一百个小故事，每一个都寓含了真理在其中。比如，其中有一喻是“七重楼喻”，讲的是有一个人到别人家去，登上七层楼一看，感觉气象极美。回家后，叫来工匠，也为他建造七重楼，但他只要最上面那层，下面六层全不要。可想而知，这样的楼自然建不成。又如“参愚人食盐喻”，愚人到别人家去吃饭，主人在菜里添了一些盐，味道立刻鲜美多了。愚人想，加了这样一点，味道便如此鲜美，多加岂不更好！回家后，他索性把一罐子盐都倒进菜里，结果自然苦涩无比。这也讲了一个真理，任何事情都不能过分，有合适的限度才会得到最好的效果。这样的故事有很多，比如揠苗助长、守株待兔，等等。故事无疑是说谎，是虚构，表达的却是真诚、无伪、无邪的思想。

这一切，在文学作品里都属于“言中之物”，即内容。而文学作品中不仅要有“言中之物”，还要有“物外之言”，即表现“物”的时候，要有一个很好的外在形式，这也就是现在所说的内容与形式的问题。要很好地表达“言中之物”，必须要有“物外之言”，也就是文章之美。文章之美包括两个方面：“音节之美”与“文字之美”。音节即声音，音节之美是用耳朵听来感受的，而文字之美是通过眼睛看来感受的。中国文字除了声音、意义之外，还有字形，这是西洋文字所没有的。汉字的不足之处是音节整齐，偏僵硬，优势是能更好地表达言中之物，如中国字“凸”“凹”，字义在字形上已得到表现，见得分明。另外，字形与字音有时候也是有联系的，如“白花花”，一听就感觉很明亮，写在纸上，也觉得醒目；而“黑糊糊”，听起来模糊一团，落于纸上，也是模糊一片。又如繁体的“亂（乱）”字，特别乱，这头还有一钩，好像一根绳上拽着一堆乱七八糟的东西。我小时候，父亲在家中说过“懸（悬）”字，最初与“縣（县）”字的繁体一样，这边一个“首”，这边一个“绞丝”。“首”这边整是一个倒吊着的脑袋，下边是几根头发坠下来，这头有一根绳子提溜着脑袋，听起来怪害怕，后来人们才在下边又加了一个“心”。这种淋漓的表现也是汉字字形上的长处。他还举过一个例子。陆游诗《书愤》，其中有这样两句：“厄窮蘇武餐氈久，憂憤張巡嚼齒空。”我有意使用了繁体字，如窮（穷）、蘇（苏）、氈（毡）、憂（忧）、憤（愤）、張（张）、齒（齿）等。父亲说，其时，苏武的心情非常不平和，张巡骂敌人骂到牙齿咬碎。陆游在创作这首诗时心情也是不平和的，所以，用笔画如此稠密的文字，来表现内心的繁复和不平。读起来也不免咬牙切齿。而钱起的《湘灵鼓瑟》，“曲终人不见，江上数峰青”，用字疏朗，心气平和，明朗而开阔。曲终，人无，江上唯有数峰，读起来也分外流畅。所以说，中国文字在字形、字音上有时也包含了字义。

中国文字的字形是单字，音乐性的表现逊于西洋文字。他说如《古诗十九首》中“思君令人老”一句，倘用西洋文字读起来能够把思君时内心起伏、曲折、压抑的情感很好地表现出来，在这一点上，中国文字是不及的，有局限性。但中国汉字也有自己的方式来表现音乐美，如诗歌中使用虚字，可增加语言的音乐美，再如，叠字、双声叠韵、平仄等，都可补救中国方块字的音乐美。如“帝高阳之苗裔兮，朕皇考曰伯庸”（《楚辞·离骚》）、“昔我往矣，杨柳依依”（《诗经·小雅·采薇》），语气词就增加了语言的文字美。

不仅诗歌，散文创作也要讲究语言的音乐美。在课堂上，父亲以鲁迅《鸭的喜剧》中的几句话为例：“俄国的盲诗人爱罗先珂君带了他那六弦琴到北京之后不多久，便向我诉苦说‘寂寞呀，寂寞呀，在沙漠上似的寂寞呀！’”我父亲说，鲁迅的这句话，具有非常强的音乐感，这个音乐感，包括音乐美、音节美，在中国文字的表现上是不可以不注意的。我父亲说，这是一个长句，不是几个短句，尽管当中有逗号。我的体会是，这么长的一句话，若从言中之物而言，要说的物，无非是“爱罗先珂到北京，寂寞。”而鲁迅说了那么长、那么多的一句，却一点不啰唆。我父亲说，这句话少一个字都不行。我想，“俄国的盲诗人爱罗先珂君”句中，一个“君”字，表现出鲁迅与之在情感上的亲密，且是“诗人”，唯有诗人才能有这样的感慨，且一定要是盲诗人。“带了他那六弦琴”，唯有盲人才喜欢弹琴，且是六弦琴，还要着重于“那”字，而不是“他的”。带了他那六弦琴，到北京之后不多久，既不是刚到了就说，也不是到了很久才说，而是很快就感觉到了寂寞。他诉苦，因为他四岁才失明，先前见过美好的自然景观，可现在什么都见不到了。北京这座古老的城市，不适宜于听，倘若是南方，有小河流水，有丝竹萦耳，他不会太寂寞。北京城古老凝重，没有什么可听，倒是可观，有那么多古老的宫殿建筑，古物名胜，可盲诗人什么都看不见，因此感到寂寞。他只有一把六弦琴，还是他从俄国带过来的，而非此地之物。所以，倍觉其寂寞。我们可以想象一下爱罗先珂与鲁迅的日常交谈。爱罗先珂会日语，鲁迅先生也会日语，他们一定是用日语交流的。在我的感觉中，爱罗先珂这句话一定是用日语讲出来的，且带着日语特有的那种腔调。这才是诗人，因为诗人他才会这么说，如果他不是诗人不会这么说，如果他不是盲诗人他不会这么说，如果他不是俄国来的他不会这么说，如果他不是到北京他不会这么说，如果鲁迅不是他的好朋友他也不会这么说。所以，这段话里，鲁迅写了多么丰富的内容，而且有那么强的音乐美。我父亲说，鲁迅的语言很注重音乐美，他非常欣赏鲁迅的文学作品，言中之物，物外之言，在中国无人可比。他在讲到这里、讲到鲁迅文学作品的语言表述时，他说，鲁迅的语言就像武术，打你一百个跟斗我得让你摔一百个样儿，如果有一个样儿重复了，那算我栽。我父亲讲得非常口语化，也风趣。鲁迅的文学语言就是这样，说一百回，语言得有一百个样儿，而且每一句话都有不同的音乐效果，表音的效果，表义的效果。这都是从形、音、义来看中国文字之美。

下面，我再从语言的表现这方面说一下我父亲的一首词，《蝶恋花·独登北海白塔（其二）》。这是一首咏月的词：

我爱天边初二月。比着初三，弄影还清绝。一缕柔痕君莫说。眉弯纤细颜苍白。　　休盼成圆休恨缺。依样清光，圆缺无分别。上见一天星历历，下看一个飘零客。

就言中之物来看，这是一首咏月词。我父亲的确喜欢赏月。这首咏月词，咏的是初二的月亮。我们现在很难看到初二月。查文献资料，在中国，月的形象从初二到初七，叫蛾眉月；从初八到十四，叫上弦月；十五、十六是圆月、满月，从十六到二十几，是下弦月，最后，月亮就暗了，见不到了。我们如今肉眼很难看到初二月，而就当日而言，初二月也不是一个非常清晰可见的形，至多是一点模模糊糊的痕迹。那是1928年，我父亲登上北海白塔所见。由此可知，他对于大自然纤细敏锐的感觉。天边初二月，“比着初三，弄影还清绝”，初三月也只是纤纤细细的一弯，初二月只是一点痕迹。下面看，他怎么用物外之言，来表现初二月的清绝。“一缕柔痕君莫说”，非常柔，且是一线痕迹，没有什么好说的，就那样一缕痕迹。这样的月亮，可不要大声惊动它，不然，它转眼就消失不见啦。只管静静地看吧，“眉弯纤细颜苍白”，以美丽纤细的女子形象来写月亮。“休盼成圆休恨缺”，不要盼她圆，恨她缺，无论圆缺，“依样清光”，都是美的，没有分别。“依样”较之“一样”更立体，有一个立体丰满的形象。“上见一天星历历”，因为月不够明，所以能看到满天星斗，满天星斗也同样越发衬托出这一缕柔痕之美。“下看一个飘零客”，这满天的星自是飘零客眼中所见，同时它们也在看我这样一个飘零客。月、星、人融为一体。

这首词的言中之物，不仅仅是咏月，同时，它分明在怀人。

由词题“独登北海白塔”之“独”字已见此意。而由书信中可知，此前，他与好友冯至两人在北海共同赏过月，但这次，是他一个人，独登，则不免怀人。而从怀人而言，“休盼成圆休恨缺”句，就有了一种更真实的情感。无论是否在一起，朋友间真挚的情谊都是一样美好。“上见一天星历历，下看一个飘零客”，则将自己与大自然完全交融一处。值得一说的是，“依样清光，圆缺无分别”一句，自然使人想到苏轼的“人有悲欢离合，月有阴晴圆缺，此事古难全”。苏轼表现的一种旷达的心态，而我父亲传达出的是一种更加积极的心态：只要是美好的事物，只要是一种很好的友情，那么，就都是人类很美好的感情，而不必介意它之圆缺。（苏轼写到“但愿人长久，千里共婵娟”的时候，所表现出的也是这种开阔、积极的境界。）这正如秦观咏爱情的“七夕”词中所说，每年一次的相聚，“金风玉露一相逢，便胜却人间无数”。为什么？就因为情之真。若情不真，日日相守又有何益？

倘再向深处挖掘，我国自古以来，诗歌创作中就有“美人香草”的寓托手法，以对“美人香草”的这种怀念、这种喜爱寓托自己的政治理想，寓托一种高远的识见。在这首词中，将初二月拟人化，拟作“眉弯纤细颜苍白”的美女。他借咏月来寄托自己一种高远的追求。而这种高远的追求、高远的理想，无论有没有追求到，只要在一生中葆有这样一个理想，就是美好的，从而“圆缺无分别”。

所以，这首词有着非常深厚的寄寓，即所谓言中之物。但在创作的过程中，我父亲本人也许不曾有意识地将咏月、怀人、人生理想这三者合作一处来写，他最初内心涌现的只是对于天边月的感受，然后，写的时候，可能会产生一种怀人之情，写出后，形象往往大于自己的创作思想，人生观、人生理想很自然地在作品中体现出来。

这首词用的是入声韵。《蝶恋花》的调子是仄声韵，也就是现在的第三声和第四声，上声和去声，都是仄声，入声韵普通话里没有，但是在诗词创作中，可以用古韵。入声的发音特点在《康熙字典》前面所附资料中有说明："入声短促急收藏。"上声则是"上声高呼猛烈强"，上声读时要读得又高又强，高呼，要猛，要烈。如毛泽东的《蝶恋花》："我失骄杨君失柳，杨柳轻扬直上重霄九。问讯吴刚何所有，吴刚捧出桂花酒。"语调中抒发出革命者那种浪漫情怀。但在我父亲这首词中则不能高声，猛烈，否则，天上的"初二月"岂不是要被吓跑了？所以，"君莫说"，你要轻轻地才行。所以全用入声韵。这些文艺理论已经融化为内心一种自发感觉，自然地这样写出来。

关于字形，时间关系，我只简单说一点。这是一首我父亲自己弃之不要的诗："溪流活活出新源，芳草萋萋没舊痕。但得夕阳无限好，何须惆怅近黄昏。"他不喜欢这首诗。我父亲后来整理诗稿时，没有收入这首。他可能认为这首用典太多，没有自己的东西。用典可以，但要有自己新的意思才好。只化用前人的东西，则落入第二等。而我今天说这首诗，是为从字形上来说。"溪流活活出新源"，说的是源头活水不断流出，七个字有五个是"三点水"的偏旁，形象上就使人感到有水在流；而"芳草萋萋没舊痕"，为什么用繁体字的"舊"？因为它是"草字头"。这样，这七个字中，五个都有草在生长。这可见出他在字形上的苦心，也说明了我国文字在字形上的美。“但得夕阳无限好，何须惆怅近黄昏”是对李商隐（“夕阳无限好，只是近黄昏”）诗句的反用。其实，他在阐述其他人诗作的时候也说过，人的一生有过去、现在、将来。他说人最留恋的是过去，最期望的是将来，而最悠忽、最不在乎的是现在。尽管过去值得留恋，将来值得期盼，但我们应该把握现在，抓住现在。所以，我引用这首诗，用意之一是说明中国文字字形之美，用意之二是想用我父亲这几句话作为最后的赠言，送给大家。

父亲八种词集之命名

顾之京

如同讲坛生涯贯穿着父亲的一生一样，诗词创作也伴随了他的一生。当他刚过而立之年时，已赢得“苦水词人”之名。在长达四十年的词人生涯中，父亲将自己的词作编订为八种词集，计：

《无病词》，收词八十一首，始自1924年初秋，迄至1927年夏，1927年夏印行。

《味辛词》，收词七十四首，始自1927年秋，迄至1928年春，1928年夏印行。

《荒原词》，收词八十一首，始自1928年夏，迄至1930年秋，1930年秋印行。

《留春词》，收词四十六首，始自1930年秋，迄至1934年夏，1935年初与《苦水诗存》合印为一集。

《积木词》，均系和晚唐五代词人之作，共一百五十三首，作于1935至1936年间，未印行，今仅辑得词四十六首、卷尾诗六首和自序。

《霰集词》，收词六十六首，始自1937年初秋，迄至1941年底，1941年印行。

《濡露词》，收词二十二首，均作于1943年秋，后附《倦驼庵词稿》（收1940年冬至1941年春间之词作十首），1944年春印行。

《闻角词》，遴选1952年秋至1956年1月间之词作，大部分刊于当年报刊，未印行，稿已佚。今辑得二十六首及“词剩题记”片段。

八种词集均系父亲亲手编订，亲自命名。对八种词集命名之缘由，我想根据自己的理解、体味甚至臆想，试作诠释。

一、无病

《无病词》成书以后，父亲将一册赠予好友郑因百，赠书封面有《自题〈无病词〉赠因百》的一首《临江仙》，词中以“有时尝苦闷，无病亦呻吟”隐括自己的词集。“无病亦呻吟”，看似一句平常口语，却是借用了稼轩“更欢须叹息，无病也呻吟”（《临江仙》[老去浑身无著处]）的词句。父亲于词，最看重者乃稼轩，借用稼轩词句命名自己的第一种词集，正体现了这一情愫。

父亲之词不但与稼轩同一词牌，“无病亦呻吟”一语在词章中的位置也同为上片之结句。但父亲的“有时尝苦闷，无病亦呻吟”十个字，其形式，尤其是含义并非完全模袭稼轩。稼轩的十个字，上下两句是并列的，其含义也近似；父亲的十个字，上下两句为递进的，其意乃是一因一果，自与稼轩不同。

词集既命名“无病”，不妨从此二字的本义上去深味之。父亲的确时常患病，仅只一个风湿骨痛，一年之中倒有半年以上折磨着他。但我知道，父亲自大学就是“大刀”式握拍的乒乓好手，在青岛时期更酷爱海水浴，他需要的、追求的是一个“无病”的身躯；推而广之，入而深之，其深层的意义更在于他憧憬的、追求的是一个无病的人生、无病的社会、无病的家国。多年后，父亲曾自署“去病”一号，我想“无病”“去病”一脉相延，只是后者较之前者，少了些理想成分，多了些实在的努力，也包含了一些对现实的无奈。父亲的“无病”的理想，在《无病词》中有不少富于诗意的表达。如“纵酒吟诗莫说愁，晚来天气好清游。镇日西风吹碧浪。波上。长空万里几渔舟”（《定风波》）；如“河山破碎，斜日画角正悲凉。肩上千秋事业，眼下几条道路，纵横少年场。挥手自兹去，努力爱韶光”（《水调歌头》）；如“莫言我辈终穷。中原逐鹿几英雄。文章千古事，手障万流东”（《临江仙》）……他不失追求与奋斗的勇气，如“万斛闲愁，捎起掉头而走”（《绮罗香》），“新愁不断，愁不教人怕。最怕是闲来，心如叶、西风吹下。古人堪笑，寻地好埋忧，问何似，唤愁来，却共愁厮打”（《蓦山溪》）。

冯至老伯在《怀念羡季》一文中说，他当年与我父亲一同编订词集时，“羡季从词集里摘取两句能概括全书内容的作为题词”。父亲摘取的两句是：

也有空花来幻梦，莫将残照入新词。

我以为这正是对“无病”二字的深层阐释。尽管是“空花”，尽管是“幻梦”，但终竟有花、有梦，终竟有生命在、有前途在、有理想在，故而那行将落山已没有生命力的“残照”就不要再入“新词”。“莫将残照入新词”，正是对无病的人生、社会、家国所抱有的无限憧憬的表征。两句题词，坚定了我对“无病”二字的臆想。（父亲 1926 年一首《浣溪沙》中有句“爱将残照入新词”，编订

《无病词》时此一首摒除在外，也可看出父亲的用意所在。）

然而，现实的残酷性并不因词人的美好憧憬而变得有丝毫美好的迹象。“一朵空花，宵深入梦还迟”（《高阳台》），“时有空花来梦里，梦醒何处追寻”（《临江仙》），现实与无病的人生、社会、家国，正成巨大的反差。父亲是清醒的，冷静的，在《无病词》中，他以更多的篇幅揭开了有“病”的人生、有“病”的社会、有“病”的家国。在“浪软温柔海，灯明上下街”的海滨城市青岛，父亲想到的是社会的黑暗：“中原却被夜深埋，那更秋风秋雨逐人来”（《南歌子》）；在“向晓阴阴向晚晴”的宜人的清明时节，他嗅到的是社会的腐朽：“黄云都带金银气，白雨还浮酒肉腥”（《鹧鸪天》）；“春归”之际，他意识到“佛国仙山空泡影”，现实是“江南江北起烟尘，风力猛，笳声动”（《天仙子》）的战乱；“重九”时节，他敏锐地感觉到“风惨淡，云苍茫，河山破碎”（《水调歌头》）的惨象……由此看来，“无病亦呻吟”既可从表象上看为是词人的自谦之词，更应从深层会出词人是在强调苦闷中的呻吟并非来自自身的病痛之苦，而是源自世事人生引发的苦闷。

无情的现实，何处是“无病”？“无病”只是词人的理想、词人的追求。

二、味辛

“无病”的人生、社会、家国只是理想，现实是“味辛”的，紧接着“无病”之词的自当是“味辛”之词。

父亲别号“苦水”，苦水是味辛的。“味辛词”就是“苦水词”——这是对“味辛”一名最直截、最简明的解释。若从集名的字义看，“辛”，含辛酸、辛楚、辛劳、艰辛、苦辛、悲辛……诸义，而“味”字又是一个动词，那么，“味辛词”就是词人体味了现实中的“辛”之后发出的咏叹。稼轩词中恰有一首“戏赋辛字”的《永遇乐》，词中有句：“……细参辛字，一笑君听取。艰辛做就，悲辛滋味，总是辛酸辛苦。更十分、向人辛辣……世间应有，芳甘浓美，不到吾家门户。”父亲以“味辛”名词集，定是也从稼轩此词获取了一份灵感。若从《味辛词》中的作品来看，与《稼轩长短句》相同，这“辛”绝不仅仅是局限于自身小我之“辛”，它与前此之《无病词》一样，是大我的人生、社会、家国之“辛”。《味辛词》的创作时间向上与《无病词》紧紧衔接，如果说“无病”二字尚涂有一些理想色调的话，“味辛”二字则更植根于现实的土壤，更具有深沉的现实情味。

不妨再引《味辛词》的题词来印证：

愁要苦担休殢酒，身如醉死不须埋。

这里，没有了《无病词》中的“空花”“幻梦”“新词”，有的只是“愁”“苦”“死”。愁、苦、死三字代表了“全书内容”，是对“味辛”二字的形象展示。“愁要苦担休殢酒”，直言现实中的愁、苦不是用酒就可以消得的，不言而喻，只有用精神、意志的力量来担荷；“身如醉死不须埋”，则是曲言——即使为之付出生命的代价也在所不惜。我想，这是两句题词对“味辛”二字所作的诗意的阐发。

如果通读《味辛词》七十四首，其中既新人耳目、更撼人心魄，且最能体现“辛”之味、最能标志“味辛”一题之所出的，可以几首长调为代表，即：《木兰花慢》（是何人弄笛）、《庆清朝慢》（梦又还醒）、《永遇乐》（少岁无愁）、《木兰花慢》（又沉沉醉也）、《八声甘州》（记明湖）、《八声甘州》（便将来）、《八声甘州》（数今来）。

两首《木兰花慢》与一首《庆清朝慢》展示了传统词作不曾出现过的人间事象——深巷“午夜吹笛”的“卜者”、桥头“呵夜”的“戍兵”、寒夜“号呼惨苦”的“街头乞丐”——词作以社会底层的小人物为主角，以暗夜凄凉的街巷为背景，以悲凉的笛声、呵声、号呼声为音响，绘制着深邃悲凉凄惨的境界。而透过这种种人间事象所抒发的却又迥异于古代现实主义诗人所共有的同情与悲悯。父亲以卜者探索担起命运、操持人生的现代哲理命题；以呵夜戍兵撕开战乱不宁、虽曰人世、实为鬼域的社会现实；他对“熬饥”“怨寒”的乞丐，虽是隐含了对挣扎于生死线上者的深深同情，但更层转层深地隐含了为人立命的人性尊严这一人生命题。这一切无处不浸透着、显现着“味辛”的特质。

三首《八声甘州》更是饱含了血泪的“味辛”之作，这是以词的形式直接表现1928年5月3日，日本帝国主义残杀中国人民的“济南惨案”的史诗式的作品。日间是“连天烽火”“血痕点点”，入夜是青青“磷火”闪烁在“芦苇丛中”；“好山好水”之间，“胡马又嘶风”，优美的泉城济南充塞着“无穷恨”“恨无穷”。三首词作是父亲发自内心深处的爱与悲交织、美与仇交响的忧国伤时、念乱恤民之曲。而词作更特以“哀济南”与“忽忆历下是稼轩故里，因再赋”为词题，重笔点醒这血泪交迸的重大历史现实主题。如此反映国家民族悲剧的作品，必然要出自“味辛”一集之中。

《永遇乐》一首标有词题“夜读《大心》不能寐，因赋”，可知是一首以词的形式书写的读后感。但《大心》是俄国作家丹钦柯的小说，以词写域外小说的读后感，但所感发者并非域外风物，而是故国故土的严酷现实。词里所写的是“沙场炮火，深沟弹雨”“战云滚滚，江南直到江北”的连年内战，愁之多，愁之浓，愁之重，已到了“愁也怎生愁得”的境地。古人借“醉乡”以“忘我”，借“桃源”以“避世”，只不过是“堪笑”的“痴绝”，词人渴望着、祈祷着“万丈银河，可能倒挽，静洗平原血”。篇末“韶华未晚，君莫蹉跎悲切”，传达的是“愁要苦担休殢酒”的担荷与奋斗精神——一首纯粹的“味辛”之作。

三、荒原

集名“荒原”二字，给人以广袤、旷古、寂寥的感受。顾“荒原”之名，思词作之义，《荒原词》八十一首当以“悲怆”色调为主，但其扉页题词却是：

往事织成连夜梦，归云闪出满天星。

别是一番静美、深沉、悠远的境界。可见“荒原”一名绝非简单的“荒漠的草原”之意。再看置于词集首位的《卜算子》：

荒草漫荒原，从没人经过。夜半谁将火种来，引起熊熊火。　烟纵烈风吹，焰舐长天破。一个流星一点光，点点从空堕。

竟是一首耀人眼目、出人意表的荒原之歌。以诗歌的首二字为诗篇命名，或以集中的首篇为诗集命名，是诗人们习用的方法。若然，《荒原》一集的命名显然是由此开端一词而得，无需再多喋喋。不过，我总觉得问题并非如此简单。以之为集名的荒原之歌如此崇高而壮美，而代表全书内容的题词却如彼其阴柔而优美，这巨大的对比与反差之间，必有其内在的相谐相通之处。否则，以之命题的一首词岂不是游离于集中的一个特例？

父亲从未到过大草原，我想《卜算子》之取象首先当是希腊神话中为人类带来火种的先觉者普罗米修斯；其次当是《尚书》中所言“若火之燎于原”。无论是取象于西方古代的神话还是东方古代的经典，词中的荒原烈焰显然是不熄的生命力的象征。明乎此，我们就触到了一首《卜算子》与两句题词之间内在思想情致的相通，也同时触到了统领一部《荒原词》内容的关捩。

与“无病”“味辛”二集一脉贯通，忧患家国、担荷命运、希冀人生依然是贯穿于《荒原词》的情感主线。如 1928 年所作《踏莎行》，感叹“荒城何处还吹角”“天南地北心分裂”的战乱现实；1930 年所作《浣溪沙》，金秋返乡“途中阻兵”发出“可怜景物与心违”的慨叹；1928 年所作《鹊桥仙》，流露出“街头毕竟像人间，是谁说不容人住”的坚忍情志；1929 年所作《灼灼花》，充溢着“一种人间味，须在人间会”的担荷精神。而其 1928 年所作《小桃红》中“花落花开，年华有尽，人生无价。待明晨早起上高楼，看江山如画”，更是表现了对人生美好的希冀。

或许与1929年调任燕京大学这一事业与人生的重大转折有关，《荒原词》中毕竟有了不同于“无病”“味辛”之处，它根植于现实的土壤，却又不乏浪漫情怀的展现，也偶或流溢一点开朗的情调。父亲初到燕大时，只身居住在学校附近的宿舍里，课后“时时散步圆明园废墟中”，《荒原词》中有三首圆明园词，正可表现“荒原”与“无病”“味辛”的同与异。《临江仙·游圆明园》之第一首，词人登上废墟，“还见旧山河”，“落落眼中吾土，漫漫脚下荒坡”，眼中所见、足下所立的“吾土”，实是“落落”“漫漫”的“荒坡”；透过眼前实景，由残破的现状一下子回溯到血泪的历史，而“人少夕阳多”的五字结句更是充满了象喻意味。在这“人少夕阳多”的境界里，第二首词人“正襟危坐高岗”，“一回眺望一牵肠”，至结拍一韵明白唱出了“教人争不恨，故国太荒凉”的满怀忧患。令人意想不到的是，就在此后几日，就在这圆明园的废墟之上，父亲以一首《贺新郎》展开他诗人的遐想：“我如引火烧枯苇，想霎时、飞烟万丈，烈红十里。众鸟纷纷飞散去，火舌直腾空际。制造得、无边欢喜。”父亲竟将自己幻化为引火之人，幻想着腾空的烈焰烧尽“荒凉”的“旧山河”，涅槃出一个“无边欢喜”的新境界！他以如此浪漫的情怀、超现实的手法来表现一个十分现实的主题。这一段“引火烧芦苇”的词句，较之《卜算子》的荒原烈火虽有着力量轻重、境界大小的区别，但毕竟前后相映、息息相通，紧紧地绾合着，承接着。《贺新郎》几乎可以看作是《卜算子》的续篇，尽管前者具有浓重的神话色彩，后者较多现实情味。

读“荒原”一集，还会发现词中多处出现“心花”的意象。品读此中意味，心花当是自身品格修养求得的“正果”——“自辟心园。自种心田。自栽花，自耐新寒。一枝一叶，总觉鲜妍”（《行香子》）；心花之绽放是搏击运命的结果——“拚将眼泪双双落，换取心花瓣瓣开”（《鹧鸪天》）；心花给人以希望，给人以慰藉——梦中春花绚烂，梦醒之后“眼花消失心花放”，“眼底心头温一饷”（《渔家傲》）；即使心花凋残，也有酿得之花蜜长留人间——“心上伤痕知多少，开落心花狼藉。看心血、涓涓流溢。试把君尝君应说，甚春蜂酿得花成蜜”（《贺新郎》）。一首《采桑子》更可以说是一支绝美的心花之颂：

> 如今拈得新词句，不要无聊，不要牢骚，不要伤春泪似潮。　　心苗尚有根芽在，心血频浇，心火频烧，万朵红莲未是娇。

《荒原词》中的朵朵“心花”，是不泯的人生理想、不灭的生命力量的象喻，与“荒原烈焰”的广博、雄奇、壮美相比，它显得纤巧、精致、优美，但二者同为超现实的、幻想的、浪漫的意象，具有着共同的情感内质，相谐相融于一部《荒原词》中。

四、留春

“留春”一集，收词四十六首，远少于此前“无病”等三种。

自古以来，诗家的惜春留春之作，几如恒河之沙，无以计其数。父亲的词集“留春”一名与其他七种集名置于一处，自有一番雅正与平俗的协调与互补；但若单独观此一名，又难避旧文人、旧习气的意态。父亲是现代诗人，深受西方和现代文艺与理论的熏陶，何以用“留春”这略带旧文人情调的语汇命名自己的词集？再者，若仅就名解意，这集名给人的印象岂不让人误以为是一部伤春、惜春为主题的作品？

依我看来，父亲的“留春”一名，绝非传统的旧诗家文人一番伤春、惜春之后，遥对无语流逝的春光发出的徒劳的挽留，他只是借用了旧文人常用的这一语汇，而赋予以全新的寓意。父亲在1930年写有一篇题名《夏初》的散文，开端就是：“我喜欢夏初的天气。”《留春词》中的《定风波》（六首）之第四首以美妙的词句描绘初夏：“试向青青池畔路。闲步。芦芽荷叶一时新。小院梧桐今夜月。清绝。始知夏浅胜残春。”对于自然界的四季，父亲并不留恋春色，而更喜欢初夏。他之“留春”绝然不是旧作品中伤春、惜春的延续。

1934年《留春词》结集的时候，父亲已迈过“而立”而近“不惑”。此时，他已步入人生的中年，他将已逝的青春岁月之回顾、体认、总结、感悟、概念……一一留驻于词，是为“留春”之词。这里的“春”不是自然界的春天，而是人生的青春岁月；这里的“留”，不是挽留，而是留驻；“留春”，意谓将青春岁月留驻于“千古事”的“文章”之中。依此，再看《留春词》代表全书内容的题词：

欢情已似花零落，诗思还同酒浅深。

正与“留春”二字之意相吻合——过往的岁月已似春花凋零般地消失了，如酒一般浓烈的诗思记述了已逝岁月的痕迹。

1980 年代初期，我首次草拟父亲的简传，曾向父亲的老友卢季韶先生请教，卢四叔在回信中，依据早年的记忆列举父亲的创作目录时，词集一项竟无“留春”，而多了“再青”一名。对此，似乎只能有一种解释——当年“留春”本定名为“再青”。“再青”，意谓青春岁月在词中的再现，因而词中就有着词人青春岁月的留驻。“再青”“留春”，字面相异而蕴意相同，“再青”一名可证我对“留春”二字的理解尚不支离。

那么，何以未用“再青”而改用“留春”？依我推测，仅就二集名之字面论，“再青”似不如“留春”响亮而流畅，父亲作诗作文是很讲究字词的音色的；更为紧要的，乃是“再青”二字出自陆游诗句“双鬓向人无再青”，不免有些消沉。1933 年两首情感激越、紧扣时代脉搏、具有鲜明政治历史特征的抗敌颂歌——《满江红》（夜雪飞花）、《踏莎行·为老兵送人出关杀敌赋》——这两“出”重头“戏”出场之后，“再青”已不能包容这一部词集的内容。限于篇幅，本文仅以第一首为例。“九一八”事变后，阴霾晦暗的抗日形势，沉重地压抑着每一个中国人的心。1933 年 3 月 11 日，廿九军大刀队在喜峰口雪夜砍杀日军数十人，父亲的《满江红》形象地展示出当日战场的惨烈和中国军民抗战意志的坚决：

夜雪飞花，更映衬、宝刀如雪。看今夕、健儿身手，立功奇绝……鸣画角，声清越。扬白刃，光明灭。冒枪林弹雨，裹疮浴血。保我版图方寸土，是谁青史千秋业……

留驻“长城抗战”这一声抗日的春雷，呼唤更为壮阔绚美的抗日春天，由“留春”取代“再青”，正是由小我的人生历程提升及于包括小我在内的大我的国家民族运命。因而这一集名在人生课题的基石之上具有了更为强势的时代政治色彩。

五、积木

八种词集，唯“积木”一种非创作集，乃和作集。父亲在《积木词·自序》中说：“《花间》是旧所爱读之书，尤喜飞卿、端己二家作。”父亲1935年岁末患病至1936年初仍未愈，病中“乃取《浣花词》尽和之”。

“积木”本是一种小儿的玩具，父亲因何以之命名自己的词集？他在《自序》中有一段风趣的说明：

余之弱女喜弄积木，长短方圆，依势安排，当其得意，往往移晷。此一卷和词，其余病中之积木乎！

若果以此而论，则《积木词》不过是父亲病中借以舒缓病痛、排遣时日的游戏之作。这当然是他的一番自谦之词。《积木词·自序》虽是一篇散文，却通篇流溢着浓郁的诗情、诗韵、诗趣。小女儿专心一意玩积木的神态，恰如诗家词人专注地作诗填词，联想之下，于是有了《自序》中那一段诗意的表达。而诗的境界总是“言有尽而意无穷”，“积木”一词，寥寥二字，其意也正无穷。

《积木词》共三卷，自上卷之和韦庄，至中卷之和温庭筠等七人，再至下卷之和冯延巳，一首一首地和来，堆叠累加，积少成多，积散成整，终成一部一百五十三首词作的和集，也真如小儿之搭积木，一块一块，“长短方圆”，终成一座美不可言的建筑。由此，“积木”一名，真可说是一种很形象的描述——但这毕竟也还只是对表层含意的理解。

父亲在1933年秋《留春词》结集之后，《自叙》中曾有“后此即再有作，亦断断乎不为小词”之说。他之不再为小词，不是就此不再染指于词，而是自感词之创作已“有年”，“地力渐薄，人力不继”，因而作品如草木之不能“茁壮”，即使开花结实也“不肥不腴”。我想，父亲暂停创作的脚步，是要假以时日，蓄积地力，滋养人力，以使创作华茂实腴。此际病中，和晚唐五代之作，正是揣摩古人情意，体味古人风格，借以灌溉创作的土壤，滋长创作的心力，实际是一个向古代词人学习的过程。此一过程也正如小儿之玩积木，一块一块，一层一层，终能成塔、成亭、成楼、成阁。这当是“积木”一名之深意所在。对此，父亲的传法弟子叶嘉莹有过一段极为精彩的理论阐释，不可以不引述：

> 这些与古人和韵之词，对于先生词之风格曾产生过相当大的影响。原来先生早期词作受稼轩及樵歌之影响较大，偏于发扬显露而略少含蓄之情韵，经过此一阶段对晚唐五代词之拟作，对先生旧有之风格恰好产生了一种调节融汇之作用。这种作用，使先生之词于原有之率真清健之风格以外，又增

加了一份深情远韵之美。(《顾随文集》代跋)

《积木词》题词之二句“香烬炉烟余淡雾,轻盈还恐随风去”,已可见晚唐五代风格之印迹,透出“深情远韵”的气息。

六、霰集

父亲名随字羡季,“霰集”二字正与“羡季”谐音,“霰集词”即“羡季词”也。父亲别号“苦水”,取此一号的主要缘由即“顾随”二字当时的英文拼写正与“苦水”相谐。当年以谐音取别号,此时以谐音命集名,均系以音而得名。对于“霰集”一名,我以前的认识,仅止于此。2013 年 3 月,整理父亲辅仁大学弟子刘在昭的听课笔记,发现在抗日战争刚刚胜利后的第一次课上,父亲讲到了北平沦陷期间,词集“霰集”的订名:

> 北平沦陷时期的 1941 年,余印行词集——《霰集词》,“霰集”与羡季谐音(苦水是顾随的谐音)。毛诗有句云:“如彼雨雪,先集维霰。”(《小雅·頍弁》)《易·坤》有句“履霜坚冰至”,与《诗经》二句意同。余当日因汉口被日军占领,惧有他变,因名词集曰“霰集”,意即取毛诗也。

呼应着“霰集”之命名,那一次课上,父亲还点明了集中几首词的作意:“集中有《临江仙》词云:‘千古六朝文物,大江日夜东流。秣陵城畔又深秋。云迷高下树,雨打去来舟。’‘云迷高下树’,无光明;‘雨打去来舟’,落花流水。此南京被日军侵占后之作。”“集中《灼灼花》有句：‘纵相逢已是鬓星星，莫相逢无计。’此余最得意之语。此二句，乃是借思念南下之友，自叙故土收复无望之慨。”“《临江仙》之‘伊人知好在，留命待沧桑’，同是渴望收复失地之意。”“《虞美人》中‘飞花飞絮扑楼台，又是一年春尽未归来’，亦是对收复沦陷区失地之渴望。”“余之词，抗战以来，希图国家好，中国打回来，收复沦陷区，但几乎绝望，且恐已年之不待。”

父亲在课上的这一次讲话，是对《霰集词》最权威的阐释。

《霰集词》的创作时间，正是北平沦陷于日寇铁蹄下的暗夜时期。父亲坚贞自守，过着清贫的日子，葆有着高尚的民族气节，他把自己内心的痛苦、对国家民族命运的担忧，对光明前景的期待，一一流注于词。

限于当时的条件，《霰集词》的印制，因陋就简，只是小三十二开的白报纸铅印本，也没有扉页及题词。

七、濡露

“濡露”二字，源于杜甫《北征》“雨露之所濡，甘苦齐结实”的诗句。

父亲于词，最重稼轩；于诗，则最重老杜。父亲课堂讲课，即使不是专讲杜诗，也会时时说到老杜，仅就叶嘉莹先生所记听课笔记，他数次引述“雨露之所濡，甘苦齐结实”二句。父亲在一次讲到“诗之锤炼”时，曾说：“锤炼宜于客观的描写，作诗有时应利用此点。如老杜《北征》，乱后回家，对此茫茫，心中当如何？而老杜是诗人，未忘掉客观，故尚能注意路上景物。不然归心似箭，岂能复有心情欣赏路中景色？老杜则连山上小果木皆看见。”接着他就引出《北征》中的几句：

> 山果多琐细，罗生杂橡栗。或红如丹砂，或黑如点漆。雨露之所濡，甘苦齐结实。

当然，单就老杜的几句诗来看，是说大自然的雨露滋养了自然界中的万物；而父亲用来名集却是深之、扩之，是在说社会历史的雨露浸染着自己的思想灵魂，而结出了创作的果实。

《濡露词》收词仅二十二首，在八种词集中为数最少，创作的时间也最为集中，都是1943年秋季所作，秋季是“结实”收获的季节，为集命名，取杜诗上句中之“濡”与“露”二字，其用意则是在下句之“甘苦齐结实”。

此一卷《濡露词》之印行，全是由弟子史树青策划筹办的。同时，史树青自己也仿照老师诗词集一贯的装帧设计，印制了自己的《几士居词甲稿》，并请老师作序。父亲为弟子所作的序文中，将词人少时之作比为“春日花蕊”的“风姿情韵”，而将壮老之作比为“雨露所濡，甘苦齐实”。这一年，父亲已经四十七八岁，是奔五十的人了，他的词作自是大半生“雨露所濡”种种“甘苦”结出的果实。

与《霰集词》一样，“濡露”中的全部词章均是北平沦陷时期所作，如此而言，“甘苦”二字无疑隐含了更多的国家民族的苦难于其中。所谓“甘苦”二字，则是汉语词汇学中构词法所说的“偏义复词”，其实义是苦重于甘，甚至是有苦而无甘。“霰集”与

“濡露”两种词集，乃是于国家民族与众生苦难中所发出的声声浩叹，这已完全脱尽旧传统之作中的“小我”“闲愁”，融入的是具有时代命意的家国之愁。

《濡露集》扉页题词是：

篆香不断凉先到，蜡泪成堆梦未回。

“凉”已“先到”，“梦”仍“未回”，而“篆香”依然袅袅“不断”，“蜡泪”还在滴滴“成堆”。我以为，这一方面是词人对自己坚贞心志的表达，一方面又是以词所特具的婉约情态，对“雨露之所濡，甘苦齐结实”这厚朴沉实的诗句，所做的深婉而凄美的独特表达。

“霰集”“濡露”二集，同是北平沦陷时期之作，我想若单就四字的字形来看，似乎也有深义在。父亲于诗歌之用字，一向讲究形、音、义三者的结合。他在文稿与讲课中，多次引用并周详地阐发刘勰《文心雕龙·情采》中“形文”“声文”“情文”之说。1940年代父亲有一首绝句，前两句是“溪流活活出新源，芳草萋萋没旧痕”，上句写水，七字中用了五个有“水旁”的字；下句写草，七字中用了五个有“草头”的字（“旧”字繁体为“舊”），正是实践他以形表义的修辞主张。由此我想到，“霰集”与“濡露”四字之中，用了三个带“雨头”的字，一个有“水旁”的字，有没有以此象喻身处风雨飘摇的动荡时代之用意呢？这纯是我大胆得近乎荒唐的揣测。聊记此一时之想以备忘。

八、闻角

“闻角”一名是八种词集中唯一无须后人再做解读的一种，因为在父亲过世之后，一件相关资料中尚保存了父亲在编订此集后所写的《闻角词剩题记》中之核心部分：

> 卅年前读尹默师《秋明集》，其《破晓》五律一首发端即曰“破晓闻清角”，甚喜之，至今弗能忘，故名吾词为“闻角”。角者，号角也。建设事业，云蒸霞蔚，一日千里，每读报未尝不鼓舞奋发，譬闻角号，号召前进。词名“闻角”，是其义也。

在这段仅存的不足百字的“题记”中，父亲自己已经阐明了两个问题：其一，“闻角”二字源自老师沈尹默的诗句；其二，命集名为“闻角”的用意。

从“题记”可确知，《闻角词》是父亲1952年大病痊愈再度出山之后的晚年作品；且全部词作均系歌颂新中国、新气象以及抒发自己病后又逢太平盛世的“谁道人生无再少”的情怀。但是，《闻角词》的原稿早已亡佚于动乱的年月，现在，我只想借此次撰文的机会，说几句并非绝对题外的“题外话”，作为本节以至本文的结束。

第一，《闻角词》的结集时间，我过去曾据“题记”臆断为1959年，并写进了拙作《女儿眼中的父亲》。但2009年夏天，我意外得到周汝昌先生提供的父亲于1955至1960年初写给他的一大批信函复印件，其中有 1956 年 10 月末父亲抄寄给弟子的一份“述堂近稿”，收 1956 年 10 月间的词作五首。“近稿”之前言开端即说，“《闻角词》断手于今岁一月间”。据此，可以确知《闻角词》的结集时间是 1956 年 1 月，而其中词作当是 1952 年秋至 1956 年 1 月近五年中的作品。

第二，父亲 1958 年 12 月 25 日致好友卢季韶的信中说：“两三年来所作词有百余首，泰半有政治性，甚至赶任务，配合运动，不免是‘急就章’。若严加删选，或有半数不致刺目。”按时间推算，这百余首词作恰是 1956 年《闻角词》结集之后的作品。那么，“闻角”之后，父亲是不是又对这百余首词“严加删选”，保留了其中近半数的、自谦为“不致刺目”的作品编订为自己的第九种词集了呢？若然，词集又将如何命名？这又不得而知了。

第三，假定父亲已经编订好自己的第九种词集，“配合运动”“赶任务”的作品当然不会掺杂其中。我估计，集中定有一定数量的词是当时未曾在报刊上发表过的；而集中的词章定然是既葆有旧日词作的风神情采，又饱含着新气象、新情意的精彩作品。“闻角”时期与“闻角”之后，已发表的作品可以辑录得到，那些未发表的更引人入胜的词章或许还有星星点点的印迹散落于人间，留给后人一丝搜寻辑佚的期望。

2009 年 8 月末 9 月初草成

2015 年 2 月补正

2016 年 5 月再订